KB210971

워드 2013 *for* Beginner

최희식 지음

지은이 최희식 dali3054@gmail.com

숭실대학교 컴퓨터공학과에서 공학석사, 컴퓨터학과에서 공학박사 학위를 취득했다. '달리배움' 컴퓨터 학원을 17년 동안 운영하며 학생들을 지도했으며, 2007년부터 숭실대학교, 경원대학교, 삼육대학교, 경민대학교에서 강의하고 있다. 저서로는 『새내기를 위한 컴퓨터 활용』(생능, 2009), 『IT CookBook, 초보자 시리즈』(한빛미디어, 2010), 『ITQ 인터넷 기본서』(영진닷컴, 2010), 『우리 친구해요! facebook』(크라운출판사, 2011) 등이 있다.

워드 2013 *for* **Beginner**

초판발행 2014년 10월 27일

지은이 최희식 / **펴낸이** 김태헌
펴낸곳 한빛아카데미(주) / **주소** 서울시 마포구 잔다리로7길 16 한빛아카데미(주)
전화 02-336-7195 / **팩스** 02-336-7199
등록 2013년 1월 14일 제2013-000013호 / **ISBN** 979-11-5664-138-4 93000

총괄 전태호 / **책임편집** 김현용 / **기획** 김지선 / **편집** 김성무
디자인 표지 여동일, 내지 여동일
영업 이윤형, 길진철, 유제욱, 김태진, 주희 / **마케팅** 김호철

이 책에 대한 의견이나 오탈자 및 잘못된 내용에 대한 수정 정보는 아래 이메일로 알려주십시오.
잘못된 책은 구입하신 서점에서 교환해 드립니다. 책값은 뒤표지에 표시되어 있습니다.

홈페이지 www.hanbit.co.kr / **이메일** question@hanbit.co.kr

지금 하지 않으면 할 수 없는 일이 있습니다.
책으로 펴내고 싶은 아이디어나 원고를 메일(writer@hanbit.co.kr)로 보내주세요.
한빛아카데미(주)는 여러분의 소중한 경험과 지식을 기다리고 있습니다.

한빛아카데미(주)는 한빛미디어(주)의 대학교재 출판 부문 자회사입니다.

워드 2013 입문을 위한 첫걸음

마이크로소프트에서 출시한 워드 2013은 가장 강력한 문서 작성 프로그램 중 하나다. 특히 누구나 쉽게 문서를 작성할 수 있도록 편리한 기능으로 구성되어 있으며, 오피스 프로그램과 호환성도 뛰어나다. 또한 마이크로소프트 오피스 2013이 출시된 시점에 클라우드 서비스가 시작되면서 언제 어디서나 자신이 작성한 문서를 열어보거나 편집할 수 있게 되었다.

워드 2013에서 이전 버전과 비교하여 가장 돋보이는 기능 중 하나는 이동식 저장 장소인 OneDrive일 것이다. OneDrive를 활용하면 누구나 쉽게 온라인에 접근하여 저장된 워드 문서를 쉽게 볼 수 있을 뿐만 아니라 편집도 가능하다. 또한 이번 워드 2013에서는 PDF 파일을 열고 편집할 수 있는 기능과 다양한 온라인 그림 삽입 및 온라인 미디어 삽입, 보기 옵션 기능도 추가되었다.

『워드 2013 for Beginner』는 스마트폰이 지배하는 유비쿼터스 모바일 환경에서 워드 2013을 제대로 활용할 수 있도록 독자들에게 많은 도움을 줄 것이다. 이 책은 필자가 수십 년간 강의한 경험을 바탕으로 워드 2013을 사용하는 데 꼭 필요한 기능만을 엄선하여 집필했다. 또한 쉽게 따라 할 수 있는 실습 예제를 바탕으로 이해하기 쉬운 용어로 집필했기 때문에 누구나 워드 2013을 마스터할 수 있을 것이다.

관련 용어에 대한 설명이나 주의해야 할 사항, 알아두면 좋은 내용은 독자들의 이해를 돕기 위해 Tip과 Note에 삽입했다. 또한 각 절이 끝날 때마다 배운 내용을 한 번 더 정리하고 연습해볼 수 있도록 요약과 연습문제를 함께 수록했다. 연습문제는 본문에서 익혔던 실습 문제를 기초로 하며, 실무에서도 활용할 수 있도록 응용력을 키우는 역할을 할 것이다.

이 책을 선택해주신 독자 여러분께 깊은 감사를 드리며 필자가 오랫동안 고민하고 공들여 집필한 책인 만큼 이 책을 통하여 워드 2013을 좀 더 쉽게 공부하여 제대로 활용하기를 진심으로 기원한다. 모름지기 어떤 공부도 그 과정에서 얻어지는 지적 호기심이나 재미를 잃어버리면 오래가지 못한다. 독자 여러분도 배움의 즐거움과 낙관적인 자세로 공부하는 과정을 즐기길 바란다.

끝으로 이 책이 출간되기까지 물심양면으로 도와주신 한빛아카데미(주) 김태헌 사장님을 비롯하여 유경희 과장님, 변소현 대리님, 김지선 대리님, 김성무 님께 깊은 감사의 말씀을 드리며, 방학임에도 불구하고 많은 시간을 함께하지 못해 늘 미안했던 아내 정현옥과 두 아들 용준, 용환에게 감사의 말과 사랑한다는 말을 함께 전한다.

저자 **최희식**

이 책의
사용 설명서

이 책을 읽기 전에

누구를 위한 책인가

IT 전공자뿐만 아니라 컴퓨터를 처음 접하는 비전공자들을 위한 컴퓨터 교양서다. 워드의 기본 기능부터 서식 꾸미기, 표 만들기와 그림, 도형, 차트 등 다양한 그래픽 개체 꾸미기, 특수 기능, 인쇄 기능까지 배운다. 특히 실습을 따라 하며 핵심 기능을 익힐 수 있어서 워드 2013 입문자에게 안성맞춤이다.

선수 연계 과목

컴퓨터를 처음 사용하는 사람도 쉽게 따라 할 수 있도록 실습 위주로 구성했기 때문에 특별히 먼저 알고 있어야 하는 내용은 없다. 컴퓨터의 전원을 켜고 끄는 방법과 마우스와 키보드를 이용하여 프로그램을 실행하는 방법 정도만 알고 있어도 된다.

이 책의 구성 요소

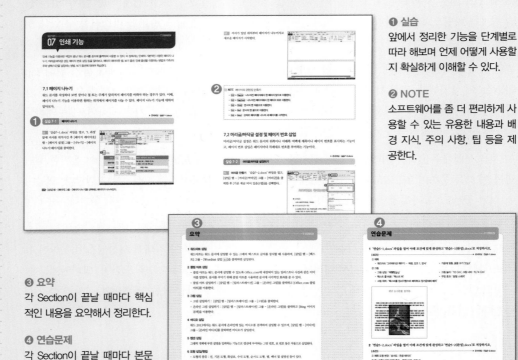

❶ 실습
앞에서 정리한 기능을 단계별로 따라 해보며 언제 어떻게 사용할지 확실하게 이해할 수 있다.

❷ NOTE
소프트웨어를 좀 더 편리하게 사용할 수 있는 유용한 내용과 배경 지식, 주의 사항, 팁 등을 제공한다.

❸ 요약
각 Section이 끝날 때마다 핵심적인 내용을 요약해서 정리한다.

❹ 연습문제
각 Section이 끝날 때마다 본문에서 익힌 핵심적인 내용을 문제 형식으로 정리한다. 본문에서 배운 내용을 확인하고 응용력을 높일 수 있다.

무엇을 다루는가

PART 01 워드 2013 기초

Section 01 워드 2013 기본 기능 I

워드 2013을 다루기 위한 기본적인 사용법에 대하여 알아본다. 워드 시작과 종료, 기본 화면 구성, 마이크로소프트 오피스 백스테이지 사용 방법을 학습한다.

Section 02 워드 2013 기본 기능 II

새 문서 만들기, 다양한 저장 방법과 클라우드 서비스인 OneDrive 사용 방법에 대하여 알아본다. 또한 워드 문서와 PDF 파일 열기, 텍스트 찾기와 바꾸기, 맞춤법 및 문법 검사를 학습한다.

Section 03 서식 꾸미기

글꼴 서식 설정과 단락 서식 설정에 대하여 알아본다. 또한 복사하기와 붙여넣기, 스타일, 테두리 설정, 글머리 기호, 번호 매기기, 다단계 목록 사용 등 서식을 꾸미는 다양한 방법을 학습한다.

PART 02 워드 2013 활용

Section 04 표 만들기

표를 삽입하는 다양한 방법과 행 및 열의 삽입과 삭제, 셀 병합, 셀 분할 등 표를 편집하는 여러 가지 방법을 알아본다. 또한 표 테두리 및 음영 넣기, 표 스타일 설정 등 표를 꾸미는 방법에 대하여 학습한다.

Section 05 그래픽 개체 꾸미기

워드아트, 클립 아트, 그림, 미디어 삽입 및 편집 방법과 그림에 캡션 삽입, 그림과 텍스트 배치, 그림 정렬, 도형 삽입, 스크린샷 추가, 엑셀 차트 삽입 및 편집 방법에 대하여 알아본다. 또한 새롭게 추가된 기능인 온라인으로 그림과 미디어 삽입 및 편집 방법에 대해서도 학습한다.

Section 06 멀티미디어와 애니메이션

키보드에 없는 특수문자나 수식 입력 방법과 하이퍼링크 연결 방법을 알아본다. 또한 문서의 특정한 곳으로 이동하는 책갈피 기능, 첫 문자 장식, 엑셀 개체 삽입, 편지 및 봉투 기능에 대하여 학습한다.

Section 07 인쇄 기능

인쇄에 관한 기본적인 사항인 페이지 나누기, 머리글/바닥글 삽입, 페이지 번호 삽입 등에 대하여 알아보고, 페이지 레이아웃 탭, 보기 옵션, 인쇄 옵션 이용 방법과 각주/미주와 날짜/시간 삽입 방법, 보기 옵션에 대하여 학습한다.

강의 보조 자료와 예제 소스

강의 보조 자료

다음 사이트에서 교수 회원으로 가입하신 교수/강사분에게 교수용 강의 보조 자료를 제공합니다.

http://www.hanbit.co.kr

예제 소스

실습에 필요한 예제 자료는 다음 주소에서 내려받을 수 있습니다.

http://www.hanbit.co.kr/exam/4138

실습 환경

본문의 실습 환경은 다음과 같습니다.

- **운영체제 :** Windows 7 이상(Windows XP 사용 불가)
- **오피스 :** Microsoft Office Word 2013

참고 사이트

- **오피스튜터** http://www.officetutor.co.kr
  오피스 제품의 유료/무료 강좌, 팁, Q&A는 물론 다양한 커뮤니티를 운영한다.
- **마이크로소프트 워드** http://office.microsoft.com/ko-kr/word
  마이크로소프트의 워드 페이지로, 각종 온라인 강좌와 무료 템플릿, 클립 아트 등을 내려받을 수 있다.

목차

PART 2 워드 2013 활용

SECTION 04 표 만들기 60

목차

PART 1

워드 2013 기초

01 워드 2013 기본 기능 Ⅰ

이 장에서는 워드 2013을 다루기 위한 기본적인 사용법에 대하여 알아본다. 워드를 시작하고 종료하는 다양한 방법과 워드의 기본 화면 구성 및 메뉴 탭을 살펴보고, 마이크로소프트 오피스 백스테이지를 사용하는 방법을 학습하며 워드를 다루는 데 필요한 기초 능력을 길러본다.

1.1 워드 시작과 종료

워드를 시작하고 종료하는 방법에는 여러 가지가 있다. 다양한 방법을 활용하여 워드를 시작하고 종료해보자.

▶ 준비파일 : 없음

실습 1-1   **워드 시작하기**

01   **시작 메뉴에서 시작하기**   작업 표시줄에서 [시작 ●]을 클릭하고 [모든 프로그램] – [Microsoft Office 2013] – [Word 2013]을 선택하여 시작한다.

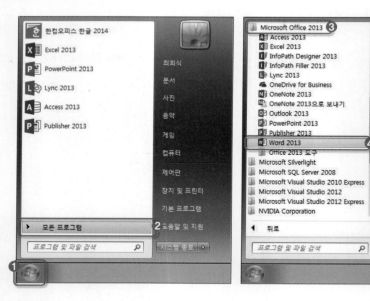

02 바로 가기 아이콘 이용하기 바탕 화면에 있는 [Word 2013] 바로 가기 아이콘을 더블 클릭하여 시작한다.

TIP [시작] – [모든 프로그램] – [Microsoft Office 2013] 을 선택한 후 [Word 2013]을 마우스 오른쪽 버튼을 누른 채로 바탕 화면으로 드래그하고 [여기에 바로 가 기 만들기]를 클릭하면 바탕 화면에 바로 가기 아이콘 이 만들어진다.

03 워드 파일 더블클릭하기 이미 만들어져 있는 워드 파일을 더블클릭하여 시작한다.

▶ 준비파일 : 없음

실습 1-2   워드 종료하기

01 제목 표시줄 이용하기 제목 표시줄 좌 측 끝에 있는 아이콘(█)을 클릭한 후 [닫기] 를 선택하여 종료한다.

02 창 조절 버튼 이용하기 화면 우측 상단의 창 조절 버튼 중에서 [닫기 ✖]를 클릭하여 종료한다.

03 단축키 이용하기 단축키 Alt + F4 를 눌러 종료한다.

1.2 워드 기본 화면 구성

워드 2013의 기본 화면은 빠른 실행 도구 모음, 제목 표시줄, 창 조절 버튼, 오피스 로그인 버튼, 파일 탭, 메뉴 탭, 그룹, 상태 표시줄 등으로 구성되어 있다. 워드의 기본 화면 구성에 대하여 자세히 알아보자.

워드 기본 화면 구성

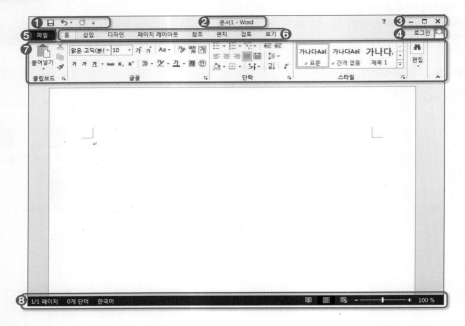

❶ 빠른 실행 도구 모음 : 저장, 실행 취소, 다시 실행과 같은 자주 사용하는 명령이 들어 있다.

❷ 제목 표시줄 : 현재 작업 중인 워드 문서의 제목을 표시한다.

❸ 창 조절 버튼 : 프로그램 창 최소화, 최대화/이전 크기로 복원, 닫기 버튼으로 구성되어 있다.

❹ 오피스 로그인 버튼 : 오피스에 로그인하여 클라우드 서비스인 OneDrive를 사용할 수 있다.

❺ 파일 탭 : 정보, 새로 만들기, 열기, 저장, 인쇄, 공유, 닫기 등 파일 관리를 위한 메뉴들로 구성되어 있다.

❻ 메뉴 탭 : 홈, 삽입, 디자인, 페이지 레이아웃, 참조, 편지, 검토, 보기 등 총 8개의 메뉴 탭으로 구성되어 있으며 해당 탭을 클릭하면 그룹에서 세부 명령을 진행할 수 있다.

❼ 그룹 : 각각의 탭과 관련된 기능을 세부적으로 구분한 명령 모음이다.

❽ 상태 표시줄 : 현재 작업 중인 페이지, 단어 수, 언어 교정, 사용 언어, 보기 표시줄, 확대/축소 컨트롤 등을 표시한다.

  - 보기 표시줄 : 읽기 모드, 인쇄 모양, 웹 모양 등 3가지 보기 형태를 선택할 수 있다.
  - 확대/축소 컨트롤 : 슬라이드 바, 또는 +, − 버튼을 이용하여 문서 크기를 조절할 수 있다.

홈 탭

글꼴, 들여쓰기, 내어쓰기, 글머리 기호, 맞춤, 스타일 등과 같은 서식 편집에 관한 명령이 있다.

삽입 탭

표, 그림, 도형, 차트, 하이퍼링크, 머리글/바닥글, 텍스트 상자, 기호 등을 삽입하는 명령이 있다.

디자인 탭

문서 서식, 색, 글꼴, 단락 간격, 페이지 배경 등과 같은 문서의 디자인을 변경하는 명령이 있다.

페이지 레이아웃 탭

텍스트 방향, 문서의 여백, 용지 크기, 단 설정 등과 같은 페이지 레이아웃에 관한 명령이 있다.

참조 탭

목차, 각주 삽입, 미주 삽입, 인용 삽입, 캡션 삽입 등과 같은 참조에 관한 명령이 있다.

편지 탭

봉투 만들기, 레이블 만들기, 편지 병합 등과 같은 편지 형식을 만드는 명령이 있다.

검토 탭

맞춤법 및 문법 검사, 번역, 메모, 변경 내용 추적, 비교 등과 같은 검토와 관련된 명령이 있다.

보기 탭

읽기 모드, 인쇄 모양, 웹 모양, 확대/축소, 창 전환, 매크로 등과 같은 보기와 관련된 명령이 있다.

TIP▶ 각 그룹의 대화상자 표시 단추(⬛)를 클릭하면 더 많은 해당 그룹의 옵션을 볼 수 있다.

NOTE 그룹 표시하기/감추기

- 탭의 제목을 더블클릭하면 해당 탭에 포함된 그룹을 숨길 수 있다. 숨겨진 그룹을 다시 보이게 하려면 해당 탭을 더블클릭하면 된다. 명령 그룹을 숨겨놓으면 워드의 작업 공간을 보다 넓게 사용할 수 있기 때문에 문서 작성이 편리해진다.
- 탭의 제목을 더블클릭하여 그룹을 숨겼다가 해당 탭을 한 번 클릭하면 작업 창에 그룹이 일시적으로 표시된다. 이때 작업 창 영역을 클릭하면 해당 그룹이 사라지므로 필요에 따라 그룹을 표시하거나 감추면서 문서 작업을 할 수 있다.

워드 바로 가기 키

워드에서 바로 가기 키를 사용하면 키보드로 간편하게 해당 기능을 실행할 수 있다. 바로 가기 키를 이용하여 원하는 기능을 찾아 작업해보자.

실습 1-3 워드 바로 가기 키 사용하기

01 바로 가기 키를 사용하기 위해 Alt 를 누르면 각 기능에 대한 키 설명이 표시된다. 이 상태에서 F 를 누르면 [파일] 탭이 선택된다.

02 백스테이지에서 C 를 클릭하면 [닫기] 가 실행된다.

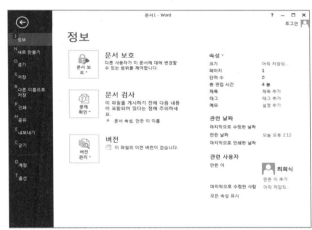

TIP 화면에 바로 가기 키가 표시된 상태에서 Alt 를 다시 한 번 누르면 화면에 표시된 키 설명이 사라진다.

03 다음과 같이 워드 문서가 닫힌다.

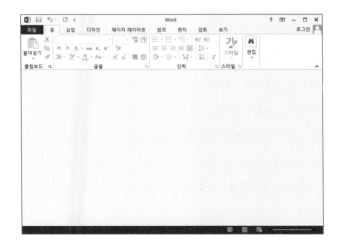

1.3 마이크로소프트 오피스 백스테이지

파일 탭을 클릭하면 열리는 마이크로소프트 오피스 백스테이지는 워드 문서에 관한 명령을 제어하는 창으로 해당 문서의 정보를 알 수 있으며, 새로 만들기, 열기, 저장, 다른 이름으로 저장, 인쇄, 공유, 내보내기, 닫기, 계정, 옵션 등의 작업을 좀 더 간편하게 실행할 수 있다.

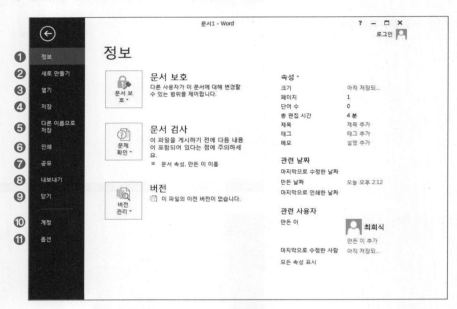

❶ 정보 : 문서의 페이지 수, 단어 수, 만든 날짜, 마지막으로 수정한 날짜, 만든 사람, 마지막으로 수정한 사람을 확인할 수 있다.

❷ 새로 만들기 : 워드의 주요 서식 파일 중 원하는 테마를 선택하여 새로운 워드 문서를 만들 수 있다.

❸ 열기 : 컴퓨터 또는 OneDrive에 저장되어 있는 워드 문서를 열 때 사용한다.

❹ 저장 : 컴퓨터 또는 OneDrive에 워드 문서를 저장할 때 사용한다.

❺ 다른 이름으로 저장 : 현재 작업 중인 워드 문서를 다른 이름으로 저장할 때 사용한다.

❻ 인쇄 : 워드 문서를 인쇄할 때 사용하며 인쇄 옵션에서 인쇄 매수, 출력 범위 등을 설정할 수 있다.

❼ 공유 : 워드 문서를 웹하드 등에 업로드하여 전자 메일로 보낼 수 있다.

❽ 내보내기 : 워드 문서 파일을 다양한 형식으로 바꾸어 저장할 수 있다.

❾ 닫기 : 현재 열려 있는 워드 문서를 닫을 때 사용한다.

❿ 계정 : 오피스에 로그인하여 클라우드 서비스인 OneDrive를 사용할 수 있다.

⓫ 옵션 : 언어 교정, 저장 설정, 언어 선택, 리본 메뉴 설정, 빠른 실행 도구 모음 설정 등을 변경하려면 [옵션] 항목을 클릭하여 [Word 옵션] 대화상자를 이용한다.

1 워드 시작

- **시작 메뉴에서 시작하기** : 작업 표시줄에서 [시작]을 클릭하고 [모든 프로그램] – [Microsoft Office 2013] – [Word 2013]을 선택하여 시작한다.
- **바로 가기 아이콘 이용하기** : 바탕 화면에 있는 [Word 2013] 바로 가기 아이콘을 더블클릭하여 시작한다.
- **워드 파일 더블클릭하기** : 이미 만들어져 있는 워드 파일을 더블클릭하여 시작한다.

2 워드 종료

- **제목 표시줄 이용하기** : 제목 표시줄 좌측 끝에 있는 아이콘을 클릭한 후 [닫기]를 선택하여 종료한다.
- **창 조절 버튼 이용하기** : 화면 우측 상단의 창 조절 버튼 중에서 [닫기]를 클릭하여 종료한다.
- **단축키 이용하기** : 단축키 Alt + F4 를 눌러 종료한다.

3 워드 기본 화면 구성

워드 2013의 기본 화면은 빠른 실행 도구 모음, 제목 표시줄, 창 조절 버튼, 오피스 로그인 버튼, 파일 탭, 메뉴 탭, 그룹, 상태 표시줄 등으로 구성되어 있다.

4 마이크로소프트 오피스 백스테이지

파일 탭을 클릭하면 열리는 마이크로소프트 오피스 백스테이지는 워드 문서에 관한 명령을 제어하는 창으로 해당 문서의 정보를 알 수 있으며, 새로 만들기, 열기, 저장, 다른 이름으로 저장, 인쇄, 공유, 내보내기, 닫기, 계정, 옵션 등의 작업을 좀 더 간편하게 실행할 수 있다.

1 바탕 화면에 [Word 2013] 바로 가기 아이콘을 만드는 과정을 설명하시오.

2 워드를 시작하는 방법을 모두 쓰시오.

3 워드를 종료하는 방법을 모두 쓰시오.

4 마이크로소프트 오피스 백스테이지의 기능에 대하여 설명하시오.

02 워드 2013 기본 기능 Ⅱ

이 장에서는 새 문서를 만들고 저장하기, 다른 파일 형식으로 저장하기, 암호 지정하여 저장하기 등 워드 문서를 저장하는 다양한
방법에 대하여 알아본다. 또한 클라우드 서비스인 OneDrive를 이용하여 문서를 저장하고 여는 방법과 문서 열기, PDF 파일을 열
고 편집하기, 텍스트 찾기와 바꾸기, 맞춤법 및 문법 검사하기 등의 방법도 학습한다.

2.1 새 문서 만들기

워드를 실행하면 워드 시작 화면에서 문서 작성을 위한 새 문서를 바로 만들 수 있으며, 워드 작업 화면
에서도 새 문서를 만들 수 있다. 워드에서 새 문서를 만드는 방법을 알아보자.

▶ 준비파일 : 없음

| 실습 2-1 | 새 문서 만들기 |

01   워드를 실행하고 워드 시작 화면에서
[새 문서]를 클릭한다.

02 또 다른 새 문서를 만들기 위해 [파일] 탭 – [새로 만들기]를 클릭한 후 [새 문서]를 선택한다.

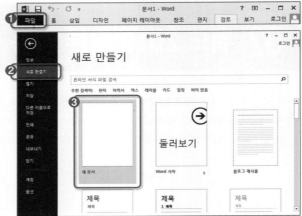

03 다음과 같이 새로운 문서를 작성할 수 있는 '문서2'가 만들어진다.

TIP 새 문서를 만드는 단축키는 Ctrl + N 이다.

2.2 워드 문서 저장

워드 문서에 텍스트를 입력한 후 문서를 저장하는 다양한 방법에 대하여 알아보자.

▶ 준비파일 : 없음

실습 2-2   **새 문서 저장하기**

01 워드를 실행하여 새 문서에 다음 내용을 입력한다.

> 3월의 문턱에서 새내기란 닉네임으로 시작한 멋진 대학 생활의 시작은 한마디로 설렘과 희망이었다. 3년의 기나긴 고등학교 재학 기간 동안, 밤낮을 가리지 않고 열심히 자신과의 싸움에서 승리한 보답으로 제공된 캠퍼스 생활은 그렇게 시작되었다. 하지만 이렇게 어렵게 시작한 대학 생활을 추억도 없이 허무하게 흘러보낸다면 너무도 안타까울 것 같다. 학과 오리엔테이션 때 어느 선배가 한 말이 생각난다.
>
> "입학을 축하합니다. 이 아름다운 캠퍼스에서 진정한 대학 생활의 의미가 무엇인지를 생각하면서 대학에 다니십시오. 정말 멋진 대학 생활의 시작이 될 것입니다."

02 [파일] 탭 - [저장] - [컴퓨터] - [찾아보기]를 클릭한다.

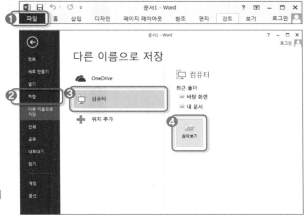

TIP▶ 새 문서를 만든 후 한 번도 저장을 하지 않은 경우 [저장]을 눌러도 [다른 이름으로 저장]으로 이동한다.

03 [다른 이름으로 저장] 대화상자가 열리면 저장할 폴더를 선택하고 [파일 이름] 입력란에 '실습2-2(완성)'이라고 입력한 후 [저장]을 클릭한다.

TIP▶ 문서를 저장하는 단축키는 Ctrl + S 다.

TIP▶ 저장된 파일을 다른 이름으로 저장하는 단축키는 F12 다.

▶ 준비파일 : 실습2-3.docx

실습 2-3 다른 파일 형식으로 저장하기

01 '실습2-3.docx' 파일을 열고 [파일] 탭 - [다른 이름으로 저장] - [컴퓨터] - [찾아보기]를 클릭한다.

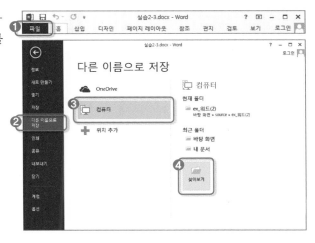

02 [다른 이름으로 저장] 대화상자가 열리면 [파일 이름] 입력란에 '실습2-3(완성)'이라고 입력하고 [파일 형식] 목록을 눌러 'PDF'를 선택한 후 [저장]을 클릭한다.

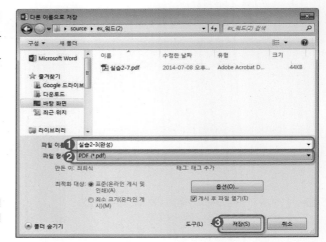

TIP 파일 형식을 'PDF'로 바꾸어 저장할 때 [게시 후 파일 열기]가 체크되어 있으면 PDF로 변환 저장된 후 파일이 자동으로 열린다.

▶ NOTE 다른 파일 형식으로 저장하기

워드 문서를 저장할 때, 파일 형식을 다양하게 선택하여 저장할 수 있다. 형식을 바꾸어 저장하기 위해서는 [다른 이름으로 저장] 대화상자에서 [파일 형식] 목록을 클릭하고 원하는 파일 형식을 선택하면 된다. 다음은 워드에서 저장할 수 있는 파일 형식의 확장자다.

파일 형식	선택 옵션
.docx	Word 문서 파일
.docm	Word 매크로 사용 문서 파일
.doc	Word 97-2003 문서 파일
.dotx	Word 서식 파일
.pdf	PDF 파일
.html	웹 페이지 형식 저장 파일
.rtf	서식 있는 텍스트 파일
.txt	일반 텍스트 파일

▶ 준비파일 : 실습2-4.docx

실습 2-4 암호 설정하여 저장하기

01 '실습2-4.docx' 파일을 열고 [파일] 탭 – [다른 이름으로 저장] – [컴퓨터] – [찾아보기]를 클릭한다.

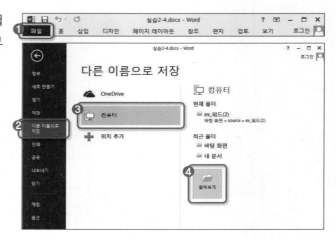

02 [다른 이름으로 저장] 대화상자가 열리면 [파일 이름] 입력란에 '실습2-4(완성)'을 입력한 후 오른쪽 하단에 있는 [도구]를 클릭하고 [일반 옵션]을 선택한다.

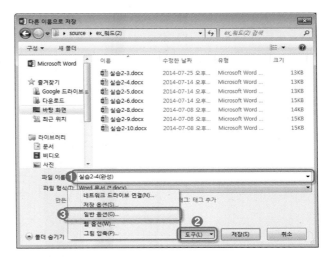

03 [일반 옵션] 대화상자의 [열기 암호] 입력란에 '한빛'을 입력하고 [확인]을 클릭한다.

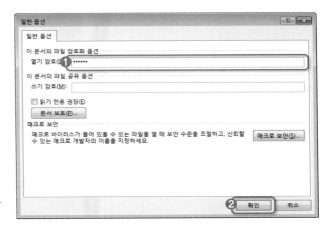

TIP 암호 입력 시에는 암호를 보호하기 위해 '******'로 표시된다.

04 [암호 확인] 대화상자에서 다시 '한빛'을 입력하고 [확인]을 클릭한 후 [다른 이름으로 저장] 대화상자에서 [저장]을 클릭하면 문서에 암호가 설정되어 저장된다.

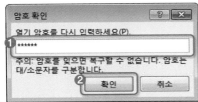

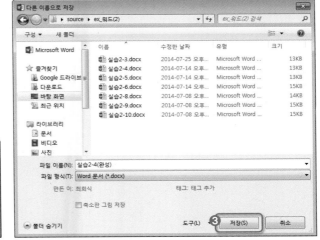

실습 2-5 OneDrive에 저장하기

01 '실습2-5.docx' 파일을 열고 [파일]
탭 – [다른 이름으로 저장] – [OneDrive] –
[Sign In]을 클릭한다.

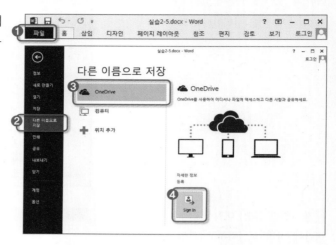

02 첫 번째 [로그인] 창에 OneDrive 계정 메일 주소를 입력하고 [다음]을 클릭한 후, 두 번째 [로그인] 창에
서 암호를 입력하고 [로그인] 버튼을 클릭한다.

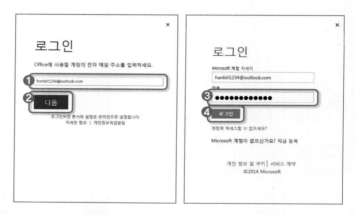

TIP Microsoft Office 계정이 없다면 [로그인] 창에 있는 [지금 등록]을 클릭하여 계정을 등록할 수 있다.

03 OneDrive에 저장하기 위해 [다른 이
름으로 저장] – [OneDrive – 개인] – [찾아
보기]를 클릭한다.

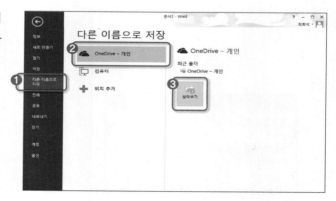

04 [다른 이름으로 저장] 대화상자가 열리면 [파일 이름] 입력란에 '실습2-5(완성)'이라고 입력하고 [저장]을 클릭한다.

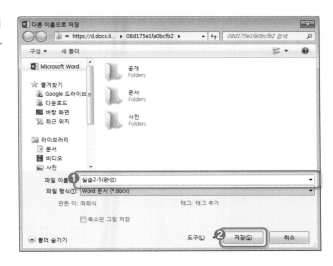

NOTE OneDrive

OneDrive는 마이크로소프트가 제공하는 클라우드 서비스 중 하나다. 클라우드 서비스는 인터넷의 데이터 서버에 문서, 사진, 음악, 동영상 등을 저장해놓았다가 인터넷에 연결 가능한 기기들(스마트폰, 컴퓨터 등)을 통해서 저장한 자료를 열어 볼 수 있는 서비스다.

2.3 워드 문서 열기

저장된 워드 문서를 열기 위해 마이크로소프트 오피스 백스테이지에서 [열기] 명령을 이용한다.

▶ 준비파일 : 실습2-6.docx

| 실습 2-6 | 워드 문서 열기 |

01 워드를 실행하고 [파일] 탭 – [열기] – [컴퓨터] – [찾아보기]를 클릭한다.

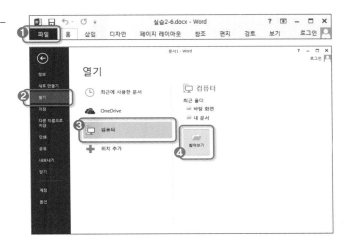

TIP 열기의 단축키는 Ctrl + O다.

02 [열기] 대화상자가 열리면 '실습2-6. docx' 파일을 선택하고 [열기]를 클릭한다.

03 선택한 파일의 문서가 열린다.

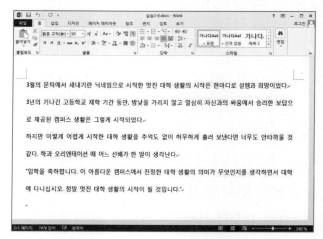

▶ 준비파일 : 실습2-7.pdf

실습 2-7 PDF 파일 열고 편집하기

01 워드를 실행하고 [파일] 탭 - [열기] - [컴퓨터] - [찾아보기]를 클릭한다.

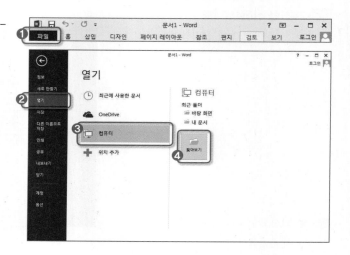

02 [열기] 대화상자가 열리면 PDF 파일
인 '실습2-7.pdf'를 선택한 후 [열기]를 클릭
한다.

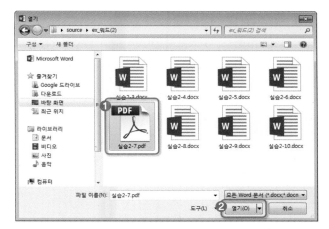

03 문서 변환에 관한 대화상자가 나타나면 [확인]을 클릭한다.

04 다음과 같이 PDF 파일이 워드 문서로
변환되어 열리는 것을 확인할 수 있다.

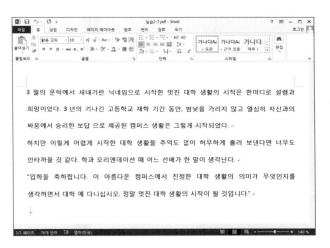

▸ **NOTE** 저장/열기 위치

① **최근에 사용한 문서** : 최근에 사용한 문서 파일을 열 수 있다.

② **OneDrive** : 마이크로소프트의 클라우드 서비스인 OneDrive에 문서를 저장하거나 저장된 문서를 열 수 있다.

③ **컴퓨터** : 사용자의 컴퓨터에 문서를 저장하거나 저장된 문서를 열 수 있다.

④ **위치 추가** : 다른 계정의 클라우드(SharePoint, OneDrive 등)를 추가할 수 있다.

2.4 텍스트 찾기와 바꾸기

텍스트 찾기 명령을 이용하면 문서 안에서 특정한 단어나 구를 빠르게 검색할 수 있으며, 텍스트 바꾸기 명령을 이용하면 검색된 단어나 구를 다른 단어나 구로 바꿀 수 있다.

▶ 준비파일 : 실습2-8.docx

실습 2-8   **텍스트 찾기**

01 '실습2-8.docx' 파일을 열고 [홈] 탭 – [편집] 그룹 – [찾기]를 클릭한다.

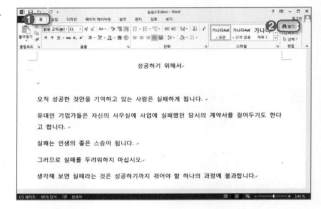

TIP 텍스트 찾기의 단축키는 Ctrl + F다.

02 [탐색] 작업 창이 열리면 입력란에 '성공' 이라고 입력한다.

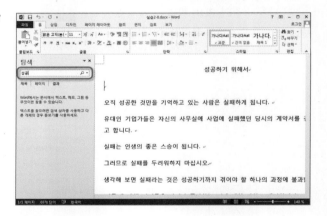

03 [탐색] 작업 창에 '성공'이란 단어가 들어간 문장이 검색되어 나열되고, 본문에서 '성공' 이 들어간 위치에는 노란색으로 강조되어 표시된다.

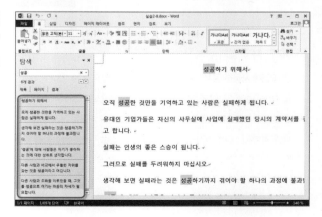

NOTE [찾기 옵션] 대화상자

[찾기 옵션] 대화상자를 이용하면 사용자가 원하는 보다 정확한 단어를 검색할 수 있다. [찾기 옵션] 대화상자를 열기 위해서는 [탐색] 작업 창의 입력란 우측에 있는 [다른 내용 검색 ▾]을 클릭하고 [옵션]을 선택하면 된다.

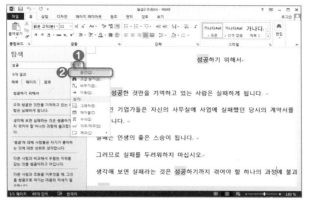 

NOTE 패턴 일치(와일드 카드)

특정 문자를 찾기 위해서 패턴 일치(와일드 카드)를 사용할 수 있다.

① **?** : 임의의 한 문자를 나타낸다. 예를 들어 '김?돌'이면 '김갑돌', '김을돌', '김치돌' 등과 같은 단어가 검색된다.

② ***** : 임의의 문자열을 나타낸다. 예를 들어 '서*'이면 '서'로 시작하는 모든 문자열이 검색되어 '서울', '서울시', '서대문', '서두르다'와 같은 문자열이 검색된다.

▶ 준비파일 : 실습2-9.docx

실습 2-9 | **텍스트 바꾸기**

01 '실습2-9.docx' 파일을 열고 [홈] 탭 - [편집] 그룹 - [바꾸기]를 클릭한다.

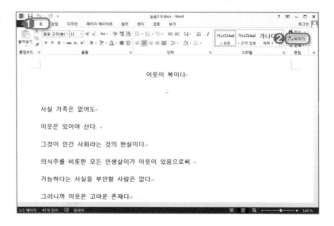

TIP▶ 텍스트 바꾸기의 단축키는 Ctrl + H 다.

02 [찾기 및 바꾸기] 대화상자에서 [찾을 내용]에는 '이웃'을 입력하고 [바꿀 내용]에는 '이웃사촌'을 입력한 후 [모두 바꾸기]를 클릭한다.

03 모두 완료됐다는 대화상자가 열리면 [확인]을 클릭한다. 본문을 확인하면 '이웃'이라는 단어가 모두 '이웃사촌'으로 바뀐 것을 확인할 수 있다.

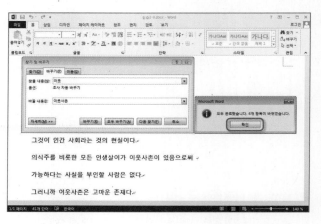

NOTE 특정 서식 찾기 및 바꾸기

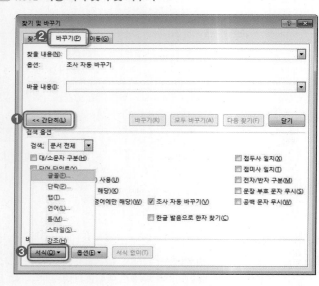

[찾기 및 바꾸기] 대화상자에서는 특정 단어의 서식을 검색하여 글꼴, 밑줄, 크기, 색 등을 변경할 수 있다. 적용된 서식을 변경하기 위해서는 [찾기 및 바꾸기] 대화상자에서 [자세히]를 눌러 대화상자를 확장하고 [바꾸기] 탭 – [서식]을 클릭하여 서식을 변경할 항목을 선택한다.

TIP [자세히]를 클릭하면 버튼이 [<< 간단히]로 바뀐다.

2.5 맞춤법 및 문법 검사

맞춤법 및 문법 검사를 이용하면 문법에 맞는 띄어쓰기, 맞춤법, 문법 오류 검사 등을 수행할 수 있다. 워드에서 맞춤법과 문법을 검사하는 방법에 대하여 알아보자.

▶ 준비파일 : 실습2-10.docx

실습 2-10 | **맞춤법 및 문법 검사하기**

01 '실습2-10.docx' 파일을 열고 [검토] 탭 – [언어 교정] 그룹 – [맞춤법 및 문법 검사]를 클릭한다.

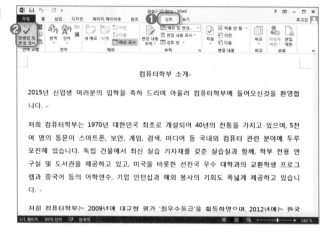

TIP ▶ 맞춤법 및 문법 검사하기의 단축키는 [F7]이다.

02 [맞춤법 검사] 작업 창이 열리면 맞춤법에 어긋나는 단어가 빨간색 밑줄로 표시된다. [맞춤법 검사] 작업 창의 추천대로 바꾸려면 [변경]을 눌러 수정한다.

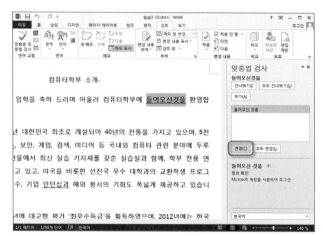

NOTE 건너뛰기

맞춤법 검사를 할 때, 고유명사와 같은 특정 단어의 맞춤법이 틀렸다고 표시될 때가 있다. 입력한 내용에 문제가 없다면 [맞춤법 검사] 작업 창에서 [건너뛰기]를 클릭하여 지나가면 된다.

03 같은 방법으로 계속해서 맞춤법 검사를 수행한다. 단어를 수정하려면 [변경]을 눌러 바꾸고, 수정하지 않으려면 [건너뛰기]를 눌러 지나간다. 맞춤법 검사가 끝나면 맞춤법 검사가 끝났다는 대화상자가 나타난다.

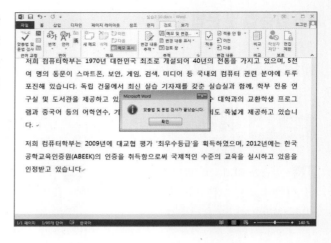

■ NOTE 자동 고침 옵션

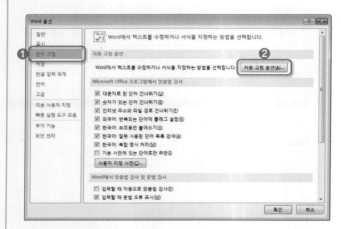

[파일] 탭 – [옵션]을 클릭하면 [Word 옵션] 대화상자가 열린다. 여기서 [언어 교정] 탭에 있는 [자동 고침 옵션]을 클릭하면 [자동 고침] 대화상자가 열리는데 이 대화상자에 있는 5개 탭의 기능은 다음과 같다.

- **자동 고침** : 자동으로 맞춤법 검사기에 의해 수정될 사항을 선택할 수 있다.
- **수식 자동 고침** : 수식을 자동으로 수식 기호로 바꿔준다.
- **입력할 때 자동 서식** : 입력할 때 자동으로 필요한 서식을 체크하여 지정할 수 있다.
- **자동 서식** : 자동으로 지정하고자 하는 항목을 선택하여 적용한다.
- **작업** : 오른쪽 클릭 메뉴를 통해 문서의 특정 단어나 구에 대하여 추가 작업을 제공할 수 있다.

요약

1 새 문서 만들기

워드를 실행하고 워드 시작 화면에서 [새 문서]를 클릭하면 새 문서가 열리며, 작성 중인 문서에서 다른 새 문서를 열 때는 [파일] 탭 – [새로 만들기] – [새 문서]를 선택하면 된다.

2 워드 문서 저장

• 워드 문서를 저장하는 방법은 새 문서 저장하기, 다른 파일 형식으로 저장하기, 암호 설정하여 저장하기, OneDrive에 저장하기 등이 있다. 파일을 처음 저장할 때는 [다른 이름으로 저장] 대화상자가 나타나지만 이미 저장된 파일을 한 번 더 저장하는 경우에는 동일한 이름으로 자동 저장된다.

• 저장하기의 단축키는 Ctrl + S고, 다른 이름으로 저장하기의 단축키는 F12다.

3 워드 문서 열기

• 저장된 워드 문서를 열기 위해 [파일] 탭 – [열기] – [컴퓨터] – [찾아보기]를 클릭한다.

• 열기의 단축키는 Ctrl + O다.

• 워드 2013에서는 PDF 파일을 워드 문서로 변환하여 열 수 있다.

4 텍스트 찾기와 바꾸기

• 텍스트 찾기를 이용하면 문서 안에서 특정한 단어나 구를 빠르게 검색할 수 있다.

• 텍스트 바꾸기를 이용하면 검색된 단어나 구를 다른 단어나 구로 바꿀 수 있다.

• 텍스트 찾기의 단축키는 Ctrl + F고, 텍스트 바꾸기의 단축키는 Ctrl + H다.

5 맞춤법 및 문법 검사

• 맞춤법 및 문법 검사하기는 작성된 워드 문서가 문법에 맞게 입력되었는지 또는 띄어쓰기 및 맞춤법 등이 어법에 맞게 입력되었는지 오류를 검사하는 명령이다.

• 맞춤법 및 문법을 검사하는 단축키는 F7이다.

연습문제

1 '연습2-1.docx' 파일을 열어 아래 조건에 맞게 완성하고 '연습2-1(완성).docx'로 저장하시오.

| 조건 |───────────────────────────────────── ▶ 준비파일 : 연습2-1.docx

① '면접'이라는 단어를 '인터뷰'로 모두 바꾼다.

② 문서에 열기 암호를 'interview'로 설정하고 '연습2-1(완성).docx'로 저장한다.

③ 문서 형식을 'PDF' 파일 형식으로 변환하여 '연습2-1(완성).pdf'로 저장한다(단, 암호는 설정하지 않는다).

2 '연습2-2.pdf' 파일을 열어 아래 조건에 맞게 완성하고 '연습2-2(완성).docx'로 저장하시오.

| 조건 |───────────────────────────────────── ▶ 준비파일 : 연습2-2.pdf

① '연습2-2.pdf'를 워드 문서로 변환한다.

② OneDrive에 워드 문서 파일로 저장한다.

3 아래 항목에 맞는 단축키를 쓰시오.

① 새 문서 만들기 :

② 문서 저장하기 :

③ 다른 이름으로 저장하기 :

④ 문서 열기 :

⑤ 텍스트 찾기 :

⑥ 텍스트 바꾸기 :

⑦ 맞춤법 및 문법 검사하기 :

03 서식 꾸미기

글꼴, 글꼴 크기, 글꼴 색상 등 글꼴 서식을 설정하는 방법과 줄 간격, 들여쓰기, 문단 텍스트 맞춤 등 단락을 설정하는 방법을 알아본다. 또한 복사하기와 붙여넣기, 스타일 적용과 스타일 삽입, 스타일 수정, 단락 테두리 설정과 문서 전체 테두리 설정, 글머리 기호, 번호 매기기, 다단계 목록 사용 등 서식을 꾸미는 다양한 방법에 대하여 학습한다.

3.1 글꼴 서식 설정

워드 문서에 작성된 단어나 문장의 글꼴 서식을 글꼴 그룹이나 글꼴 대화상자를 이용하여 변경할 수 있다. 글꼴 서식을 설정하는 방법을 알아보자.

▶ 준비파일 : 실습3-1.docx

실습 3-1   **글꼴 바꾸기**

01   **블록 설정하기** '실습3-1.docx' 파일을 열고, 문서 전체를 마우스로 드래그하여 블록 설정한 후 [홈] 탭 - [글꼴] 그룹의 오른쪽 하단에 있는 대화상자 표시 단추(⬜)를 클릭한다.

TIP ▶ 문서 전체를 블록 설정하는 단축키는 Ctrl + A다.

02 **글꼴 설정하기** [글꼴] 대화상자의 [글꼴] 탭에서 [한글 글꼴]은 '궁서체', [크기]는 '12', [글꼴 색]은 '빨강'을 선택하고 [확인]을 클릭하면 문서의 글꼴이 변경된다.

 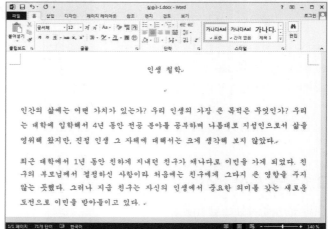

▶ 준비파일 : 실습3-2.docx

실습 3-2 **다양한 글꼴 서식 설정하기**

| 단계 1 | 음영 넣기

01 '실습3-2.docx' 파일을 열고, 첫 번째 단락을 마우스로 드래그하여 블록 설정한 후 [홈] 탭 - [글꼴] 그룹 - [음영 가]을 클릭한다.

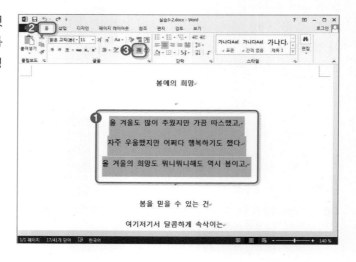

02 첫 번째 단락에 음영이 적용된다.

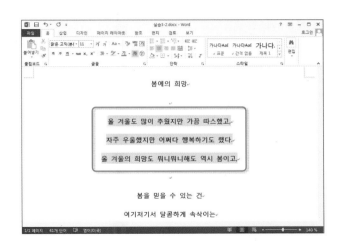

| 단계 2 | 기울임꼴 적용하기

01 두 번째 단락을 마우스로 드래그하여 블록 설정한 후 [홈] 탭 - [글꼴] 그룹 - [기울임꼴 *가*]을 클릭한다.

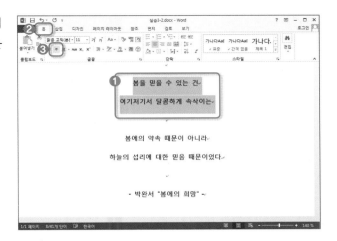

02 두 번째 단락에 기울임꼴이 적용된다.

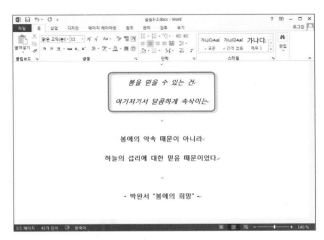

01 세 번째 단락을 마우스로 드래그하여 블록 설정한 후 [홈] 탭 - [글꼴] 그룹 - [텍스트 효과와 타이포그래피 ⓐ▾]를 클릭하고 [채우기 - 흰색, 윤곽선 - 강조 1, 그림자]를 선택한다.

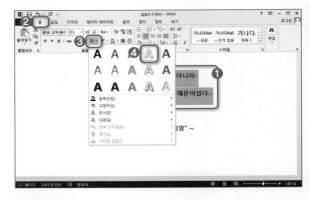

02 세 번째 단락에 텍스트 효과가 적용된다.

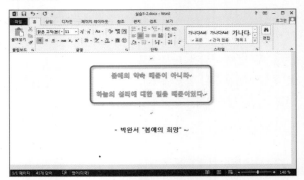

3.2 단락 서식 설정

단락 그룹이나 단락 대화상자를 이용하면 줄 간격을 조절하고 정렬 방식을 설정할 수 있으며, 들여쓰기, 내어쓰기, 글머리 기호 등도 지정할 수 있다. 단락 서식을 설정하는 방법에 대하여 알아보자.

▶ 준비파일 : 실습3-3.docx

실습 3-3 줄 간격 조절하기

01 '실습3-3.docx' 파일을 열고, 제목을 제외한 문서 내용 전체를 마우스로 드래그하여 블록 설정한 후 [홈] 탭 - [단락] 그룹의 대화상자 표시 단추(ⓕ)를 클릭한다.

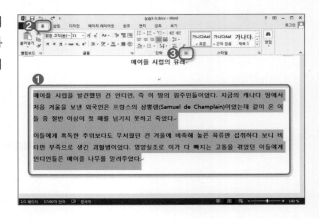

02 [단락] 대화상자의 [들여쓰기 및 간격] 탭의 [줄 간격]을 '2줄'로 선택하고 [확인]을 클릭한다.

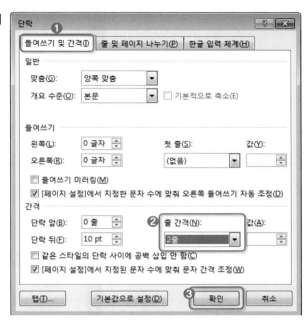

03 다음과 같이 줄 간격이 2줄 간격으로 넓어진다.

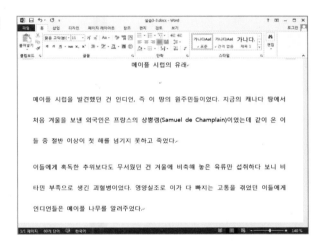

NOTE 줄 간격 옵션

줄 간격	설 명
1줄	줄에서 가장 큰 글꼴에 약간의 공간을 추가하여 줄 간격을 설정한다.
1.5줄	1줄 간격의 1.5배 크기의 줄 간격을 설정한다.
2줄	1줄 간격의 2배 크기의 줄 간격을 설정한다.
최소	줄에서 가장 큰 글꼴이나 그래픽에 맞는 최소 줄 간격을 설정한다.
고정	고정된 줄 간격을 포인트로 표시하여 설정할 때 사용한다.
배수	1보다 큰 숫자로 표시될 수 있는 줄 간격으로, 줄 간격을 1.15로 설정하면 간격이 15% 늘어난다.

▶ 준비파일 : 실습3-4.docx

실습 3-4 들여쓰기와 단락 뒤 간격 조절하기

`01` '실습3-4.docx' 파일을 열고, 제목을 제외
한 문서 내용 전체를 드래그하여 블록 설정한 후
[홈] 탭 - [단락] 그룹의 대화상자 표시 단추(⊡)
를 클릭한다.

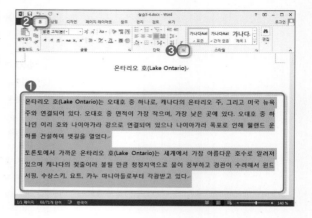

`02` [단락] 대화상자가 열리면 [들여쓰기 및 간
격] 탭에서 [첫 줄]은 '첫 줄', [단락 뒤]는 '20pt',
[줄 간격]은 '배수', [값]은 '1'을 선택하고 [확인]을
클릭한다.

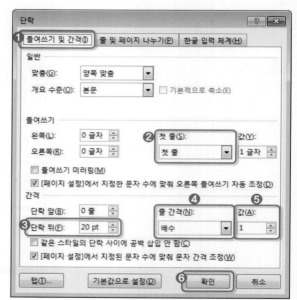

TIP▶ [단락] 대화상자를 여는 또 다른 방법은 [홈] 탭 - [단락] 그룹
- [선 및 단락 간격 ≣▾]에서 '줄 간격 옵션' 항목을 선택하
는 것이다.

NOTE 들여쓰기와 내어쓰기

'들여쓰기'는 문단 단락이 시작할 때 오른쪽으로 몇 글자 들여서 입력하는 것이고, 반대로 '내어쓰기'는 문단 단락이 시작할 때 왼쪽
으로 몇 글자 내어서 입력하는 것이다. 또한 '단락 뒤 줄 간격'은 문장이 끝나고 Enter 를 눌러 새로운 문장이 시작될 때 문장과 문장
을 구별하기 위한 간격을 의미한다.

42 **PART 1 워드 2013 기초**

03 다음과 같이 문단 시작 부분에 들여쓰기가 적용되었고, 단락과 단락 사이의 간격이 넓어진 것을 확인할 수 있다.

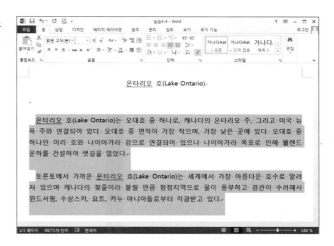

▶ 준비파일 : 실습3-5.docx

실습 3-5 단락 정렬하기

01 '실습3-5.docx' 파일을 열고, '알려드립니다' 줄과 '- 다 음 -' 줄을 Ctrl을 누른 채로 드래그하여 블록 설정한 후 [홈] 탭 - [단락] 그룹 - [가운데 맞춤 ≡]을 클릭한다.

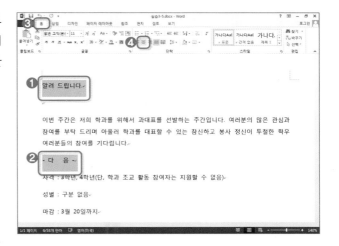

02 다음과 같이 선택된 부분이 가운데 맞춤 정렬된다. 같은 방식으로 왼쪽 맞춤, 오른쪽 맞춤, 양쪽 맞춤, 균등 분할로 정렬해보자.

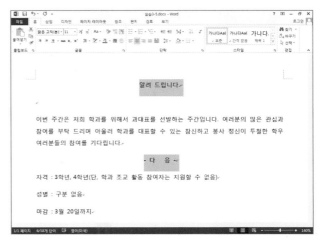

3.3 복사하기와 붙여넣기

특정 내용을 유지하면서 다른 곳에서도 똑같은 내용을 그대로 사용하려면 복사하기 명령을 이용한다. 복사하기는 텍스트뿐만 아니라 그림, 도형 개체에도 사용할 수 있다. 복사된 텍스트나 개체는 붙여넣기를 통해 삽입할 수 있는데, 특히 텍스트를 붙여 넣을 때는 원본 서식을 유지하여 붙여 넣는 방식과 서식을 병합하여 붙여 넣는 방식이 있다.

▶ 준비파일 : 실습3-6.docx

실습 3-6　　복사하기와 붙여넣기

01　'실습3-6.docx' 파일을 열고, 1절의 후렴 부분을 블록 설정한 후 [홈] 탭 – [클립보드] 그룹 – [복사 🖹]를 클릭한다.

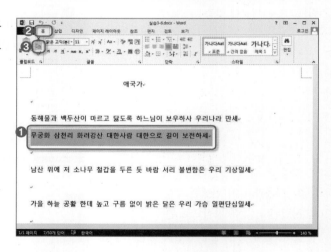

TIP 블록 설정한 상태에서 마우스 오른쪽 버튼을 클릭한 후 [복사]를 클릭하거나 복사하기의 단축키인 Ctrl + C 를 눌러도 된다.

02 애국가 2절 후렴이 들어갈 부분에 커서를 위치시킨 후 [홈] 탭 – [클립보드] 그룹 – [붙여넣기]를 클릭한다.

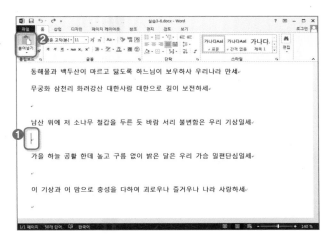

03 다음과 같이 2절에 후렴구가 들어간다.

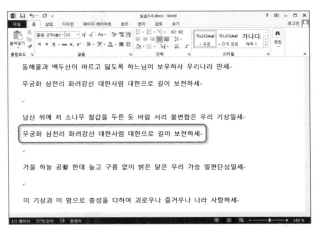

04 같은 방식으로 후렴구를 3절과 4절에 붙여 넣어 완성한다.

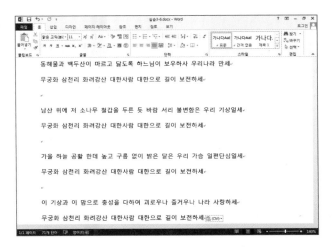

TIP▶ 붙여넣기의 단축키는 Ctrl + V다.

▶ 준비파일 : 실습3-7.docx

실습 3-7   이동하기

01   '실습3-7.docx' 파일을 열고, Alt를 누른 채 오른쪽 두 줄을 마우스로 드래그하여 블록 설정한 후 [홈] 탭 – [클립보드] 그룹 – [잘라내기 ✂]를 클릭한다.

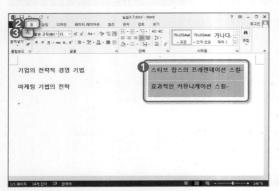

TIP Alt를 누른 채 마우스를 드래그하면 커서의 위치를 기준으로 왼쪽이나 오른쪽 구역을 사각형 영역으로 블록 설정할 수 있다.

TIP 잘라내기의 단축키는 Ctrl + X다.

02   세 번째 줄로 이동한 후 [홈] 탭 – [클립보드] 그룹 – [붙여넣기]를 클릭한다.

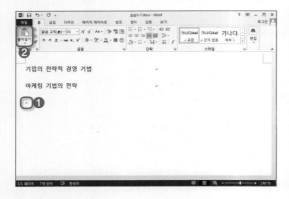
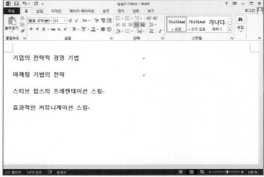

서식이 있는 텍스트 붙여넣기

01 '실습3-8.docx' 파일을 열고, 표 전체를 선택한 후 Ctrl + C를 눌러 복사한다.

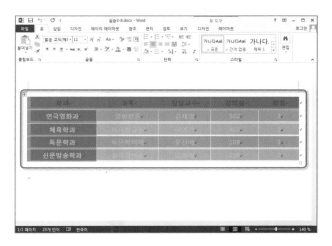

02 표를 복사할 위치에 커서를 위치시킨 후 [홈] 탭 – [클립보드] 그룹 – [붙여넣기]의 목록 단추를 클릭하고 [붙여넣기 옵션:서식 병합 📋]을 선택하여 표를 붙어 넣는다.

TIP▶ [서식 병합] 붙여넣기 옵션은 복사한 내용에 적용된 서식을 현재 작업 화면에 서식 형태로 병합하여 붙여 넣는 방식이다. 예를 들어, 기존 복사 당시 글꼴 크기가 12이고 본문 기본 글꼴 크기는 10일 때 [서식 병합] 붙여넣기를 하면 글꼴 크기는 10으로 병합된다.

📋 **NOTE** 붙여넣기 옵션

- **원본 서식 유지**(🖌) : 색, 굵기, 크기 등 적용된 서식 속성을 그대로 유지하면서 붙여넣기
- **서식 병합**(📋) : 병합된 문서의 텍스트 서식과 일치하도록 서식을 변경하여 붙여넣기
- **텍스트만 유지**(📋) : 원본 서식을 포함시키지 않고 순수하게 텍스트만 유지하여 붙여넣기

3.4 스타일

스타일이란 글꼴, 단락, 여백 등 자주 사용하는 서식을 스타일 이름에 정의하여 미리 만들어 놓은 것을 말한다. 스타일을 이용하면 나중에 같은 서식을 사용하고자 할 때 빠르게 적용할 수 있으며, 일관성 있고 간편하게 문서를 편집할 수 있다.

▶ 준비파일 : 실습3-9.docx

실습 3-9   스타일 만들기와 스타일 변경하기

| 단계 1 | 스타일 만들기

01   '실습3-9.docx' 파일을 열고, [홈] 탭 - [스타일] 그룹의 대화상자 표시 단추(⬂)를 클릭한 후 [스타일] 창에서 [새 스타일 ⬚]을 클릭한다.

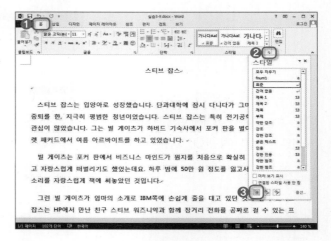

02   [서식에서 새 스타일 만들기] 대화상자의 [이름]에 '초록궁서체', [스타일 형식]에 '단락', [스타일 기준]에 '표준', [글꼴]에 '궁서체', [글꼴 크기]에 '12', [글꼴 색]에 '녹색'을 선택한 후 [확인]을 클릭한다. [스타일] 창에 '초록궁서체' 스타일이 추가되고 첫 번째 단락에 추가된 스타일이 적용된다.

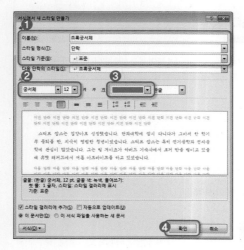

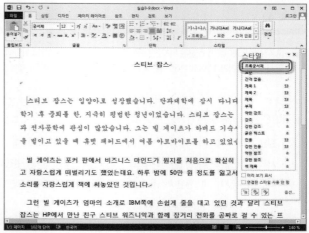

03 추가된 스타일을 적용할 두 번째 단락에 커서를 위치시키거나 블록 설정한 후 [스타일] 창을 열어 등록된 '초록궁서체' 스타일을 선택하면 첫 번째 단락과 같이 스타일이 변경된다.

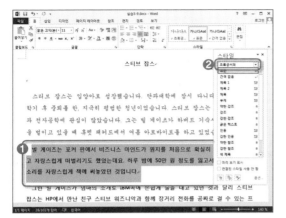 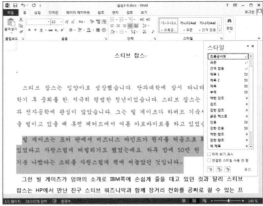

| 단계 2 | 스타일 변경하기

01 [홈] 탭 – [스타일] 그룹의 대화상자 표시 단추(⬚)를 클릭하고 [스타일] 창에서 [스타일 관리 ⬚]를 선택한다.

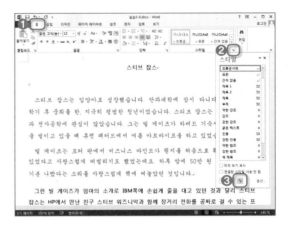

02 [스타일 관리] 대화상자의 [편집] 탭에서 '초록궁서체' 스타일을 선택하고 [수정]을 클릭한다.

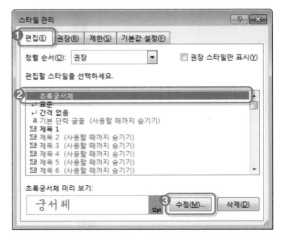

`03` [스타일 수정] 대화상자가 열리면 [기울임꼴 `가`]을 클릭하고 [글꼴 색]은 '파랑'을 선택한 후 [확인]을 클릭한다.

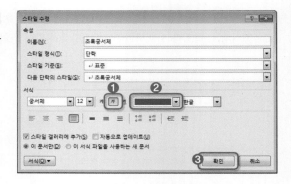

`04` 다음과 같이 본문에 수정된 '초록궁서체' 스타일이 적용된다.

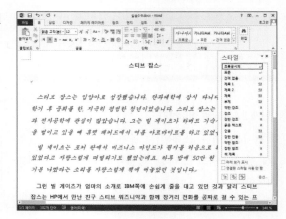

`TIP▶` [스타일] 창을 여는 단축키는 `Ctrl` + `Alt` + `Shift` + `S`다.

▶ 준비파일 : 실습3-10.docx

실습 3-10 제목 스타일에 확장 및 축소 기능 제공

| 단계 1 | 제목 스타일 적용하기

`01` 제목 스타일을 적용할 텍스트인 '생산성본부' 앞에 커서를 놓고, [홈] 탭 – [스타일] 그룹 – [자세히 `▾`]를 클릭한 후 [제목 1] 스타일을 선택한다.

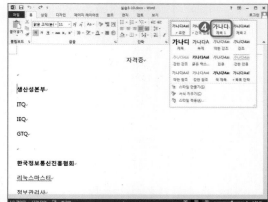

`02` 다음과 같이 '생산성본부'에 제목 스타일이 적용된다. 같은 방식으로 텍스트 '한국정보통신진흥협회', '대한상공회의소'에도 [제목 1] 스타일을 적용한다.

| 단계 2 | 제목 스타일에 축소/확장하기

`01` **제목 축소하기** 제목 스타일이 적용된 텍스트에서 마우스 오른쪽 버튼을 클릭한 후 팝업메뉴에서 [확장/축소] – [제목 축소]를 선택하면 제목이 축소된다.

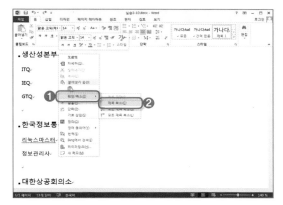

`02` **제목 확장하기** 제목 스타일이 적용된 텍스트에서 마우스 오른쪽 버튼을 클릭한 후 팝업메뉴에서 [확장/축소] – [제목 확장]을 선택하면 제목이 확장된다.

03 **모든 제목 축소하기** 제목 스타일이 적용된 텍스트에서 마우스 오른쪽 버튼을 클릭한 후 팝업메뉴에서 [확장/축소] – [모든 제목 축소]를 선택하면 모든 제목이 축소된다.

TIP 제목이 확장되어 있을 때 마우스 포인터를 제목 위로 이동시키면 작은 삼각형(◢)이 나타나고 이 삼각형을 클릭하면 제목의 내용이 축소된다. 제목이 축소되어 있을 때는 마우스 포인터를 이동하지 않아도 작은 삼각형(▷)이 표시되는데 이 삼각형을 클릭하면 내용이 확장된다.

3.5 개요 서식

개요 서식은 주로 인덱스나 목차를 만들 때 사용하는 기능이다. 개요 서식을 이용하면 기존 텍스트 줄에 글머리 기호나 번호를 추가 변경할 수 있고, 계층 수준을 변경하여 기존 목록을 다단계 목록으로 바꿀 수 있다.

▶ 준비파일 : 실습3-11.docx

실습 3-11 **글머리 기호 넣기**

01 '실습3-11.docx' 파일을 열고, 첫 번째 항목에 글머리 기호 '●'를 넣기 위해 Ctrl 을 클릭한 상태에서 다음 영역을 블록 설정한 후 [홈] 탭 – [단락] 그룹 – [글머리 기호 ▤]의 목록 단추를 클릭하고 '●'를 선택한다.

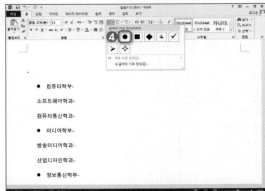

TIP 글머리 기호는 내용을 입력한 후 한번에 삽입할 수도 있지만, 내용을 입력하면서 자동으로 삽입할 수도 있다.

`02` 두 번째 항목에 글머리 기호 '■'를 넣기 위해 `Ctrl` 을 클릭한 상태에서 다음 영역을 블록 설정한 후 [홈] 탭 – [단락] 그룹 – [글머리 기호 ⊟▾]의 목록 단추를 클릭하고 '■'를 선택한다.

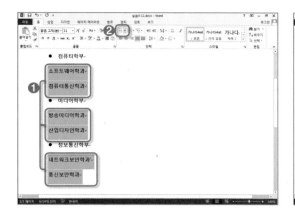
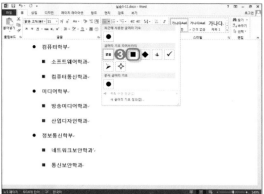

▶ **NOTE** 글머리 기호 또는 번호 매기기 추가

- **글머리 기호 추가하기** : [홈] 탭 – [단락] 그룹 – [글머리 기호 ⊟▾]의 목록 단추를 클릭하여 [새 글머리 기호 정의]를 선택한다. [새 글머리 기호 정의] 대화상자가 열리면 [기호]를 클릭하고, [기호] 대화상자에서 원하는 기호를 선택한 후 [확인]을 클릭한다.

- **번호 매기기 추가하기** : [홈] 탭 – [단락] 그룹 – [번호 매기기 ⊟▾]의 목록 단추를 클릭하여 [새 번호 서식 정의]를 선택한다. [새 번호 서식 정의] 대화상자가 열리면 [번호 스타일]에서 원하는 번호 스타일을 선택한 후 [확인]을 클릭한다.

실습 3-12   번호 매기기

01   '실습3-12.docx' 파일을 열고, 'A' 항목을 '가)' 항목으로 바꾸기 위해 커서를 'A'가 있는 줄에 위치시킨 후 [홈] 탭 – [단락] 그룹 – [번호 매기기 ▦▾]의 목록 단추를 클릭하고 '가)' 항목을 선택한다.

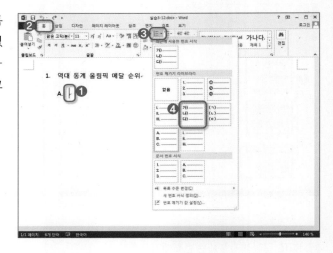

02   'A' 항목이 '가)' 항목으로 바뀌면 '2010 벤쿠버 동계 올림픽'을 입력하고 Enter 를 누른다.

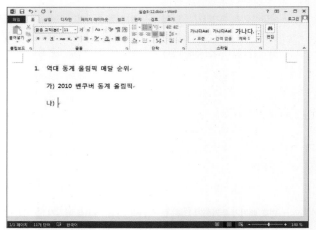

03   '나)'가 입력된 둘째 수준 항목을 셋째 수준 항목으로 변경하기 위해 [홈] 탭 – [단락] 그룹 – [번호 매기기 ▦▾]의 목록 단추를 클릭하고 [목록 수준 변경]에서 [수준 3]을 선택한다.

04 'i' 항목의 모양을 '①'로 바꾸기 위해 커서를 'i'가 있는 줄에 위치시킨 후 [홈] 탭 - [단락] 그룹 - [번호 매기기 ]를 클릭하고 '①' 항목을 선택한다.

05 셋째 수준 항목이 '①' 항목으로 바뀌면 '캐나다', '독일', '미국'을 차례로 입력한다.

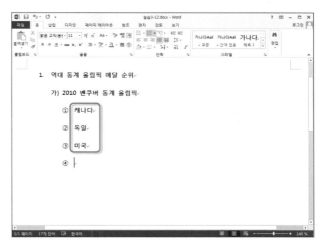

06 셋째 수준에서 둘째 수준으로 한 수준 올려서 입력하려면 Shift + ⇥ 을 누른다.

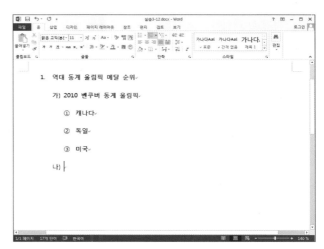

TIP 개요 항목에서 수준을 내릴 때는 ⇥ 을 누르고, 수준을 올릴 때는 Shift + ⇥ 을 누른다.

07 '나)' 항목에 '2014 소치 동계 올림픽'을 입력하고 Enter 를 누른다.

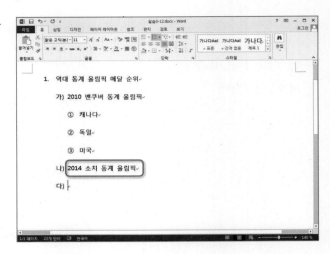

08 둘째 수준에서 셋째 수준 항목으로 한 수준 내리기 위해 ⇥을 누른다.

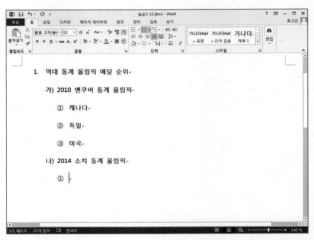

09 차례로 '러시아', '노르웨이', '캐나다'를 입력하여 완성한다.

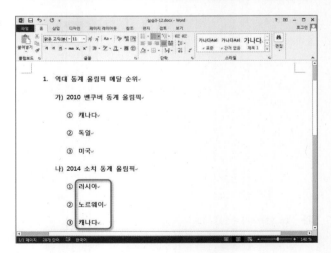

1 글꼴 서식 설정

워드 문서에 작성된 단어나 문장의 글꼴 서식을 글꼴 그룹이나 글꼴 대화상자를 이용하여 변경할 수 있다.

2 단락 서식 설정

단락 그룹이나 단락 대화상자를 이용하면 줄 간격을 조절하고 정렬 방식을 설정할 수 있으며, 들여쓰기, 내어쓰기, 글머리 기호 등도 지정할 수 있다.

3 복사하기와 잘라내기

- 복사하기란 특정한 내용을 복사하기 위해 클립보드에 기억시키는 명령이고, 잘라내기란 다른 영역으로 이동하기 위해 내용을 오려두는 명령이다.
- 클립보드란 CPU 내의 임시 기억장치를 말한다. 복사하기나 잘라내기 한 내용은 클립보드에 기억된다.
- 복사하기의 단축키는 Ctrl + C 다.
- 잘라내기의 단축키는 Ctrl + X 다.
- 붙여넣기의 단축키는 Ctrl + V 다.

4 스타일

- 글꼴, 단락, 여백 등 자주 사용하는 서식을 스타일 이름에 정의하여 미리 만들어 놓은 것을 말한다.
- 스타일을 이용하면 나중에 같은 서식을 사용하고자 할 때 빠르게 적용할 수 있으며, 일관성 있고 간편하게 문서를 편집할 수 있다.

5 개요 서식

- 개요 서식은 주로 인덱스나 목차를 만들 때 사용하는 기능이다. 개요 서식을 이용하면 기존 텍스트 줄에 글머리 기호나 번호를 추가 변경할 수 있고 계층 수준을 변경하여 기존 목록을 다단계 목록으로 바꿀 수 있다.
- 개요 수준에서 한 수준 내릴 때는 ↹, 한 수준 올릴 때는 Shift + ↹ 을 누른다.

연습문제

--- IT COOKBOOK

1 '연습3-1.docx' 파일을 열어 아래와 같이 번호 매기기를 완성하고 '연습3-1(완성).docx'로 저장하시오.

┃조건┃────────────────────────────────▶ 준비파일 : 연습3-1.docx

```
  I.   영어권
      A.  캐나다
      B.  호주
      C.  영국
      D.  뉴질랜드
  II.  비영어권
      A.  일본
      B.  중국
      C.  태국
      D.  말레이시아
```

2 '연습3-2.docx' 파일을 열어 아래 조건에 맞게 완성하고 '연습3-2(완성).docx'로 저장하시오.

┃조건┃────────────────────────────────▶ 준비파일 : 연습3-2.docx

① 17기 농촌 봉사 활동 모집 : 스타일 꾸미기(스타일 이름 - 봉사 제목, 글꼴 - 돋움체, 글꼴 크기 - 18, 가운데 맞춤)
② 2015학년도~참여 바랍니다 : 들여쓰기(첫 줄, 1 글자)
③ - 다 음 - : 가운데 맞춤

```
            17기 농촌 봉사 활동 모집
   2015학년도 농촌 봉사 활동을 강원도 태백 마을에서 활동하기로 하였습니다.
   대학생 여러분의 많은 참여 바랍니다.
                   - 다 음 -
   1. 일   시 : 2015년 7월 1일 - 7월 31일
   2. 장   소 : 강원도 태백시 태백 마을
   3. 준비물 : 개인 소지품
   4. 접수 마감 : 2015년 6월 8일
```

3 다음 단축키를 누르면 실행되는 명령을 쓰시오.

① Ctrl + A :

② Ctrl + C :

③ Ctrl + V :

④ Ctrl + X :

58 PART 1 워드 2013 기초

PART

2

워드 2013 활용

04 표 만들기

워드에서 표를 삽입하는 다양한 방법과 행 및 열 삽입과 삭제, 셀 병합, 셀 분할 등 표를 편집하는 여러 가지 방법을 알아본다. 그리고 표 테두리 및 음영 넣기, 표 스타일 설정하기 등 표를 꾸미는 방법과 표의 이동과 복사, 텍스트를 표로 변환하는 방법 등에 대하여 학습한다.

4.1 표 삽입 및 삭제

워드에서는 표를 다양한 방법으로 삽입할 수 있다. 삽입하고자 하는 표를 마우스로 드래그하여 삽입하는 방법, 열 개수와 행 개수를 직접 입력하는 방법, 마우스로 표를 그리는 방법, 엑셀 스프레드시트를 이용하여 삽입하는 방법 등이 있다. 표를 삽입하고 삭제하는 여러 가지 방법에 대하여 알아보자.

▶ 준비파일 : 없음

실습 4-1   표 삽입하기

| 방법 1 | [표] 명령 단추 이용하여 표 삽입하기

01   [삽입] 탭 – [표] 그룹 – [표]를 클릭하면 작은 사각형들이 나타난다. 이 사각형을 '행 개수'는 3, '열 개수'는 3만큼 마우스로 드래그하면 3×3 크기의 표가 문서에 삽입된다.

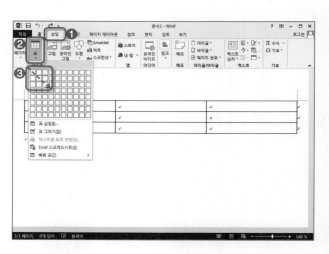

TIP ▶ 표에서 행 개수는 가로 칸의 개수고, 열 개수는 세로 칸의 개수다.

| 방법 2 | [표 삽입] 대화상자 이용하여 표 삽입하기

01 [삽입] 탭 – [표] 그룹 – [표] – [표 삽입]
을 클릭한다.

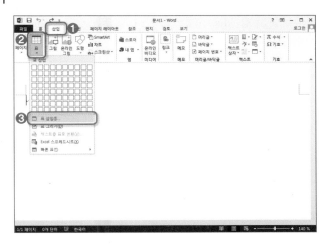

02 [표 삽입] 대화상자에서 [열 개수]에
'3', [행 개수]에 '3'을 입력하고 [확인]을 클릭
한다.

TIP ▶ [표 삽입] 대화상자를 이용하여 표를 삽입할 때는 표 크기 및 셀 너비를 [자동 맞춤] 옵션에서 선택하여 지정할 수 있다.

03 다음과 같이 3×3 크기의 표가 문서에
삽입된다.

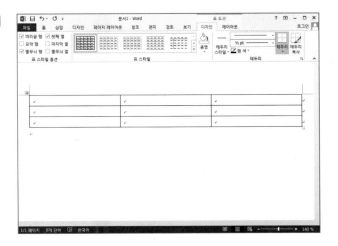

| 방법 3 | [표 그리기] 이용하여 표 삽입하기

01 [삽입] 탭 – [표] 그룹 – [표] – [표 그리기]를 클릭한다.

02 마우스 포인터가 연필 모양(✐)으로 바뀌면 마우스로 드래그하여 표 테두리를 만든다.

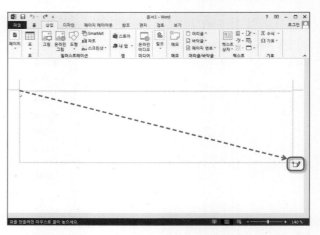

03 가로줄을 그릴 위치에 연필 모양의 포인터를 오른쪽 방향으로 드래그한다. 조금만 움직여도 자동으로 가로줄이 그려진다.

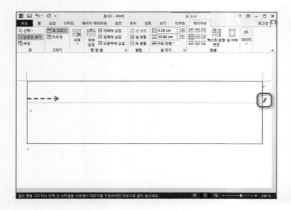 

04 마찬가지로 세로줄을 그릴 위치에서 연필 모양의 포인터를 위나 아래로 드래그하여 세로줄을 그린다. 다음과 같이 세로줄을 그려서 완성한다.

TIP [Esc]를 누르면 연필 모양의 포인터가 없어지면서 표 그리기 모드에서 빠져나간다.

| 방법 4 | [Excel 스프레드시트] 이용하여 표 삽입하기

01 [삽입] 탭 - [표] 그룹 - [표] - [Excel 스프레드시트]를 클릭한다.

02 엑셀 스프레드시트 화면이 나타나면 오른쪽 아래 모서리의 조절점에 마우스를 위치시킨다. 마우스 포인터가 화살표 모양으로 바뀌면 표의 크기가 3×3이 되도록 조절한다.

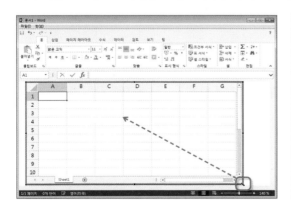 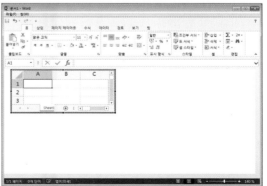

03 엑셀 스프레드시트 바깥쪽 아무 곳이나 클릭하면 표가 삽입된다.

TIP▶ 엑셀 스프레드시트로 만든 표를 더블클릭하면 엑셀 스프레드시트 창이 열리면서 표를 편집할 수 있는 상태가 된다.

▶ 준비파일 : 실습4-2.docx

실습 4-2 　표 삭제하기

| 방법 1 | 팝업메뉴 이용하여 표 삭제하기

01 '실습4-2.docx'를 열고, 표에 마우스 포인터를 위치시킨 후 표 왼쪽 상단에 나타나는 표 이동 핸들(✛)을 클릭하면 표 전체가 블록으로 설정된다.

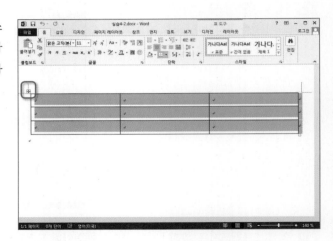

02 표 전체가 블록으로 설정된 상태에서 마우스 오른쪽 버튼을 클릭하면 팝업메뉴가 나타난다. 이 팝업메뉴에서 [표 삭제]를 선택하면 표를 삭제할 수 있다.

| 방법 2 | [레이아웃] 탭 이용하여 표 삭제하기

`01` 표를 선택한 후 [표 도구] – [레이아웃] 탭 – [행 및 열] 그룹 – [삭제] – [표 삭제]를 클릭하면 표가 삭제된다.

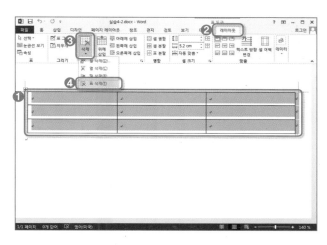

4.2 표 편집

표를 삽입한 후 내용을 입력하다 보면 행이나 열이 더 필요할 때도 있고, 행이나 열이 필요 없을 때도 있다. 이런 경우에 행과 열을 삽입하고 삭제하는 방법을 알아보자.

▶ 준비파일 : 실습4-3.docx

실습 4-3 행과 열 삽입하기

| 단계 1 | 행 삽입하기

`01` '실습4-3.docx' 파일을 열고, '미디어학과' 셀을 클릭한 후 [표 도구] – [레이아웃] 탭 – [행 및 열] 그룹 – [위에 삽입]을 선택하면 '미디어학과' 셀의 위쪽에 행이 삽입된다.

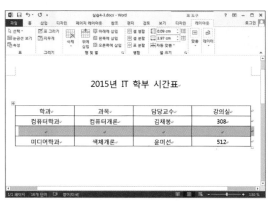

TIP▶ 표를 클릭하면 [표 도구]의 [디자인] 탭과 [레이아웃] 탭이 메뉴 탭에 생성된다.

02 추가된 행에 다음 내용을 입력하여 완성한다.

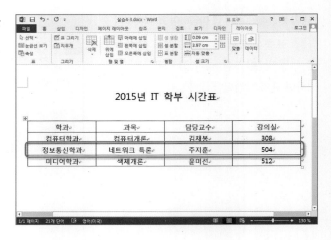

| 단계 2 | 열 삽입하기

01 '과목' 셀을 클릭하고 [표 도구] – [레이아웃] 탭 – [행 및 열] 그룹 – [왼쪽에 삽입]을 선택하면 '과목' 열 왼쪽에 열이 삽입된다.

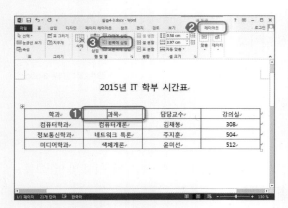 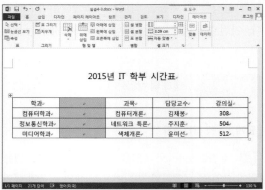

02 추가된 열에 다음 내용을 입력하여 완성한다.

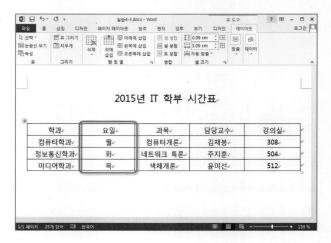

NOTE 팝업메뉴에서 셀 삽입하기

행이나 열, 또는 셀을 삽입하고자 하는 위치에 마우스 오른쪽 버튼을 클릭하여 팝업메뉴에서 [삽입]을 선택하고 필요한 항목을 클릭하면 된다. 이 때 [셀 삽입]을 선택하면 [셀 삽입] 대화상자가 열리는데, 이곳에서 기존에 있던 셀을 어떤 방향으로 옮길지 선택할 수 있다. 다음과 같이 '셀을 아래로 밀기'를 선택할 경우, 선택된 셀만 삽입되면서 나머지 셀은 아래로 밀리게 된다.

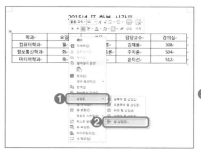 

▶ 준비파일 : 실습4-4.docx

실습 4-4 행과 열 삭제하기

| 단계 1 | [레이아웃] 탭을 이용하여 열 삭제하기

01 '실습4-4.docx' 파일을 열고, '벌금' 셀을 마우스로 클릭한 후 [표 도구] – [레이아웃] 탭 – [행 및 열] 그룹 – [삭제] – [열 삭제]를 선택하여 '벌금' 열을 삭제한다.

NOTE [삭제] 명령

- **셀 삭제** : 커서가 위치한 셀을 삭제하는 명령으로 '셀을 왼쪽으로 밀기', '셀을 위로 밀기', '행 전체 삭제', '열 전체 삭제' 중에서 선택할 수 있다.
- **열 삭제** : 커서가 위치한 열을 삭제한다.
- **행 삭제** : 커서가 위치한 행을 삭제한다.
- **표 삭제** : 표 전체를 삭제한다.

| 단계 2 | 팝업메뉴를 이용하여 행 삭제하기

01 세 번째 행을 삭제하기 위해 '20104185' 셀을 마우스로 클릭한 후 마우스 오른쪽 버튼을 누르고 팝업메뉴에서 [셀 삭제]를 선택한다.

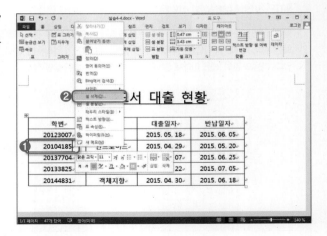

02 [셀 삭제] 대화상자에서 [행 전체 삭제]를 선택하고 [확인]을 클릭한다.

03 다음과 같이 선택한 행 전체가 삭제된다.

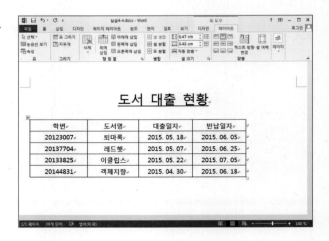

NOTE [셀 삭제] 대화상자

[셀을 왼쪽으로 밀기]를 선택하면 현재 위치한 셀이 삭제되고 오른쪽 셀이 삭제된 셀의 위치로 이동한다. [셀을 위로 밀기]를 선택하면 현재 위치한 셀이 삭제되고 아래쪽 셀이 삭제된 셀의 위치로 이동한다. 이때 셀 자체는 완전히 사라지지 않는다.

| 단계 3 | 지우개 툴을 이용하여 삭제하기

`01` [표 도구] – [레이아웃] 탭 – [그리기] 그룹 – [지우개]를 선택하면 마우스 포인터가 지우개 모양(🖉)으로 바뀐다. 다음과 같이 '반납일자' 열 전체를 아래 방향으로 드래그하면 선택된 영역의 셀이 지워진다.

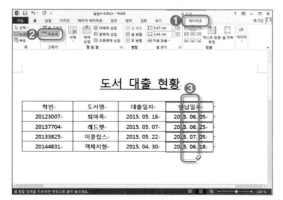 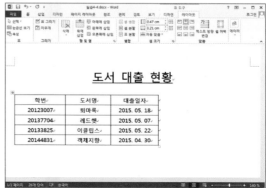

`TIP` [지우기] 모드를 해제하려면 `Esc`를 누르거나 표 바깥쪽을 클릭한다.

`02` 표를 가운데로 맞추기 위해 표 이동 핸들(✛)을 클릭하여 표 전체를 선택하고 [홈] 탭 – [단락] 그룹 – [가운데 맞춤 ☰]을 클릭한다.

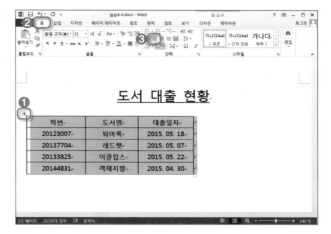

`03` 다음과 같이 표가 가운데로 맞춤 정렬된다.

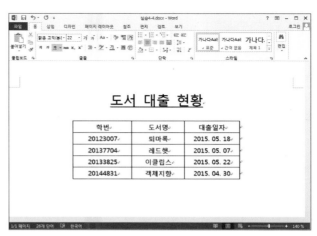

실습 4·5 셀 병합하기

| 방법 1 | [레이아웃] 탭 이용하여 셀 병합하기

01 '실습4-5.docx' 파일을 열고, 첫 번째 행을 병합하기 위해 표의 첫 번째 행 전체를 마우스로 드래그하여 블록 설정하고 [표 도구] – [레이아웃] 탭 – [병합] 그룹 – [셀 병합]을 클릭하면 셀이 병합된다.

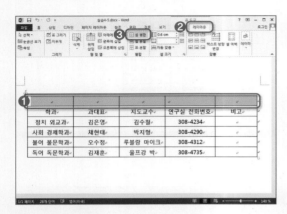
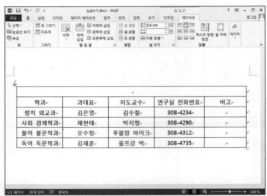

TIP ▶ 표의 한 행을 빠르게 선택하기 위해서는 첫 번째 셀을 클릭한 후 Shift를 누른 채 마지막 셀을 클릭하면 된다.

| 방법 2 | 팝업메뉴 이용하여 셀 병합하기

01 '비고' 셀 아래 열을 마우스로 드래그하여 블록 설정하고, 마우스 오른쪽 버튼을 클릭한 후 팝업메뉴에서 [셀 병합]을 클릭하면 셀이 병합된다.

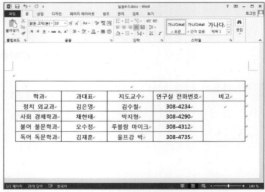

지우개 툴로 셀 구분선을 삭제하여 셀을 병합할 수 있다. [표 도구] – [레이아웃] 탭 – [그리기] 그룹 – [지우개]를 선택하면 마우스 포인터가 지우개 모양으로 바뀐다. 병합하고자 하는 셀 구분선을 마우스로 드래그하면 셀 구분선이 삭제되면서 셀이 병합된다.

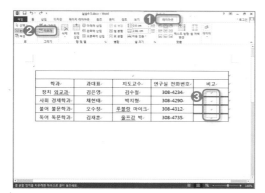

▶ 준비파일 : 실습4-6.docx

셀 분할하기

01 '실습4-6.docx' 파일을 열고, 다섯 번째 열을 5개의 셀로 만들기 위해 '연구실' 아래 빈 셀을 마우스로 클릭한 후 [표 도구] – [레이아웃] 탭 – [병합] 그룹 – [셀 분할]을 선택한다. [셀 분할] 대화상자에서 [열 개수]는 '1', [행 개수]는 '4'를 입력하고 [확인]을 클릭한다.

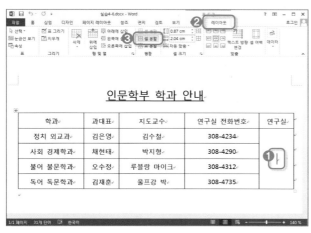

02 다음과 같이 셀이 분할된다.

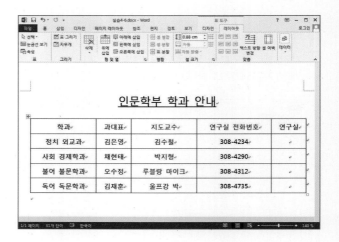

NOTE 표 분할하기

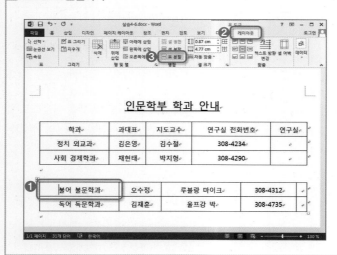

표를 분할하려면 분할하고자 하는 셀의 위치에서 [표 도구] – [레이아웃] 탭 – [병합] 그룹 – [표 분할]을 선택하면 된다. 이때 분리된 셀의 너비는 필요한 너비만큼 자동으로 조절된다.

NOTE 다양한 방법으로 셀 분할하기

① **팝업메뉴 이용하기** : 분할할 셀에 커서를 두고 마우스 오른쪽 버튼을 누른 후 팝업메뉴에서 [셀 분할]을 선택한다. [셀 분할] 대화상자에 분할할 열 개수와 행 개수를 입력하여 셀을 분할한다.

② **[표 그리기] 이용하기** : 표를 선택하고 [표 도구] – [레이아웃] 탭 – [그리기] 그룹 – [표 그리기]를 선택한다. 마우스 포인터가 연필 모양으로 바뀌면 분할할 셀에 구분선을 그려 분할한다.

실습 4-7 | 셀 크기 조절하기

| 단계 1 | 행 높이/열 너비 조절하기

01 **리본메뉴에서 행 높이 조절하기** '실습 4-7.docx' 파일을 열고, 첫 번째 행의 임의의 위치를 마우스로 클릭한 후 [표 도구] – [레이아웃] 탭 – [셀 크기] 그룹 – [표 행 높이 ⊞]에서 행의 높이를 '1.5cm'로 입력한다.

02 다음과 같이 행 높이가 조절된다.

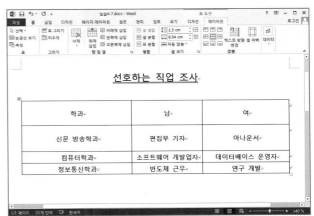

03 **드래그하여 열 너비 조절하기** 첫 번째 열의 오른쪽 구분선에 마우스를 위치시켜 마우스 포인터가 화살표 모양(↔)으로 바뀌면 왼쪽으로 드래그하여 원하는 만큼 열 너비를 조절한다.

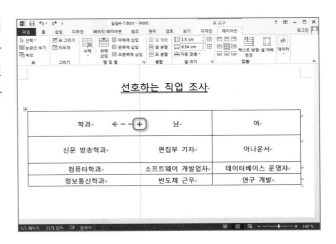

04 다음과 같이 열 너비가 조절된다.

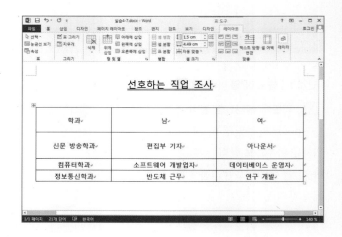

| 단계 2 | 자동으로 조절하기

01 **내용에 자동으로 맞춤** 열 너비를 빈 공간 없이 셀에 자동으로 맞추기 위해 [표 도구] – [레이아웃] 탭 – [셀 크기] 그룹 – [자동 맞춤] – [내용에 자동으로 맞춤]을 클릭한다.

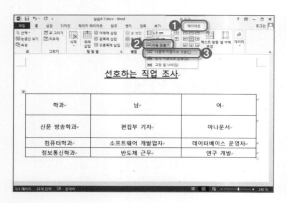
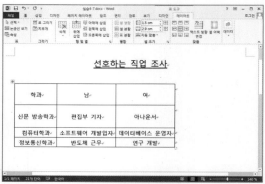

02 **창에 자동으로 맞춤** 문서 작업 창 규격에 맞게 표의 크기를 자동으로 맞추기 위해 [표 도구] – [레이아웃] 탭 – [셀 크기] 그룹 – [자동 맞춤] – [창에 자동으로 맞춤]을 클릭한다.

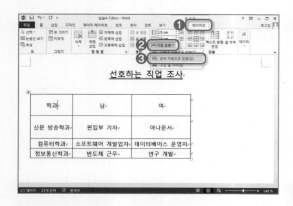
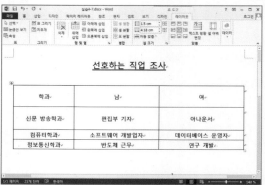

03 **고정 열 너비** [표 도구] - [레이아웃] 탭 - [셀 크기] 그룹 - [자동 맞춤] - [고정 열 너비]를 클릭한다. '소프트웨어 개발업자'가 입력된 셀에 추가로 '또는 모바일 어플 개발자'를 입력한다. 열이 고정되어 있으므로 입력한 내용이 기존 너비를 초과하게 되면 다음 줄로 넘어가는 것을 확인할 수 있다.

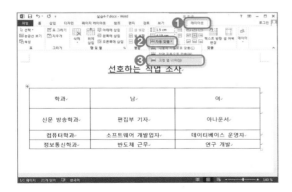

NOTE 열 너비 고정하기

- **전체 열 너비 고정하기** : [표 도구] - [레이아웃] 탭 - [셀 크기] 그룹의 대화상자 표시 단추( )를 클릭한다. [표 속성] 대화상자에서 [표] 탭에 있는 [너비 지정]에 체크하고 '5cm'를 입력하면 전체 열의 너비가 5cm로 고정된다.

- **특정 열 너비 고정하기** : [표 도구] - [레이아웃] 탭 - [셀 크기] 그룹의 대화상자 표시 단추( )를 클릭한다. [표 속성] 대화상자에서 [열] 탭에 있는 [너비 지정]에 체크하고 '10cm'를 입력하면 특정 열의 너비만 10cm로 고정된다.

NOTE 행 높이/열 너비 같게 하기

- **행 높이 같게 하기** : 커서를 임의의 셀에 두고 [표 도구] – [레이아웃] 탭 – [셀 크기] 그룹 – [행 높이를 같게 ⊞]를 선택하면 모든 행의 높이가 같아진다.

- **열 너비 같게 하기** : 커서를 임의의 셀에 두고 [표 도구] – [레이아웃] 탭 – [셀 크기] 그룹 – [열 너비를 같게 ⊞]를 선택하면 모든 열의 너비가 같아진다.

 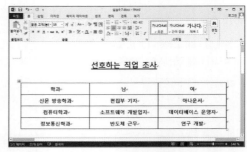

▶ 준비파일 : 실습4-8.docx

실습 4-8   셀 안에서 텍스트 정렬하기

01   **위쪽 가운데 맞춤**   '실습4-8.docx' 파일을 열고, 첫 번째 행의 텍스트를 '위쪽 가운데'로 맞추기 위해 드래그하여 블록 설정하고 [표 도구] – [레이아웃] 탭 – [맞춤] 그룹 – [위쪽 가운데 ☰]를 클릭한다.

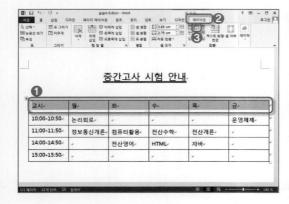

02 **정가운데 맞춤** '교시' 셀 아래의 텍스트를 '정가운데'로 맞추기 위해 드래그하여 블록 설정하고 [표 도구] – [레이아웃] 탭 – [맞춤] 그룹 – [정가운데 ☰]를 클릭한다.

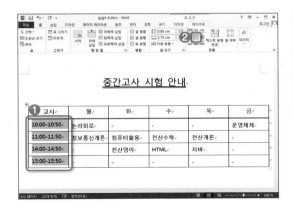 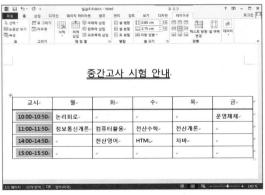

4.3 표 꾸미기

표 테두리의 두께와 모양을 변경하면 특정 셀을 구분하거나 표 전체를 부각시킬 수 있고, 제목이나 중요한 내용이 있는 셀에 음영을 넣으면 해당 셀만 시각적으로 강조할 수 있다. 또한, 표 스타일을 이용하면 간편하게 표를 디자인할 수 있다. 표를 꾸미는 다양한 방법에 대하여 알아보자.

▶ 준비파일 : 실습4-9.docx

실습 4-9 **표 테두리 및 음영 넣기**

| 단계 1 | 바깥 테두리 설정하기

01 '실습4-9.docx' 파일을 열고, 표 전체를 선택한 후 [표 도구] – [디자인] 탭 – [테두리] 그룹 – [펜 두께]를 클릭하고 '1 1/2pt'를 선택한다.

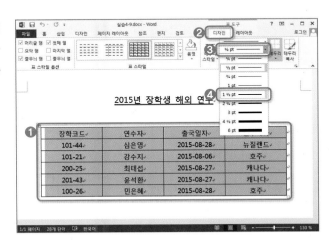

[표 도구] – [디자인] 탭 – [테두리] 그룹 – [테두리]의 목록 단추를 클릭하고 [바깥쪽 테두리]를 선택하면
바깥 테두리가 굵어진다.

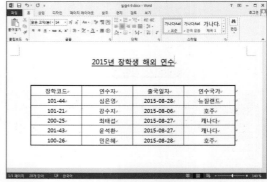

| 단계 2 | 테두리 설정하기

01 첫 번째 행을 드래그하여 블록 설정한 후 [표 도
구] – [디자인] 탭 – [테두리] 그룹 – [테두리]의 목록
단추를 클릭하고 [테두리 및 음영]을 선택한다.

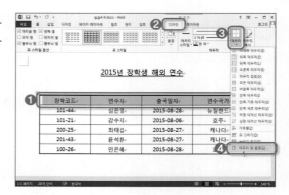

02 [테두리 및 음영] 대화상자의 [테두리] 탭에서 [설정]은 '사용자 지정', [스타일]은 '두 줄', [두께]는 '1/2pt',
[미리 보기]에서는 '아랫부분', [적용 대상]은 '셀'을 선택하고 [확인]을 클릭하면 테두리가 설정된다.

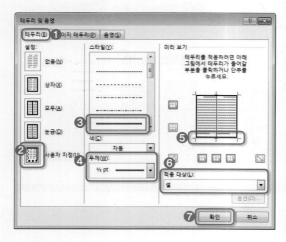

| 단계 3 | 셀에 음영 넣기

01 첫 번째 행을 드래그하여 블록 설정한 후 [표 도구] – [디자인] 탭 – [표 스타일] 그룹 – [음영]의 목록 단추를 클릭하고 [흰색 배경 1, 5% 더 어둡게]를 선택하면 첫 번째 행에 음영이 적용된다.

NOTE 음영을 넣는 다른 방법

음영은 [테두리 및 음영] 대화상자의 [음영] 탭에서 선택하여 지정할 수 있다.

▶ 준비파일 : 실습4-10.docx

실습 4-10 **표 스타일 설정하기**

01 '실습4-10.docx' 파일을 열고, 표 전체를 선택한 후 [표 도구] – [디자인] 탭 – [표 스타일] 그룹 – [자세히 ⯆]를 클릭한다.

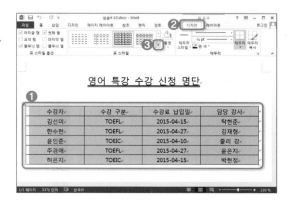

표 스타일 목록에서 [눈금 표:눈금 표 4 – 강조색 6]을 선택하여 스타일을 적용한다.

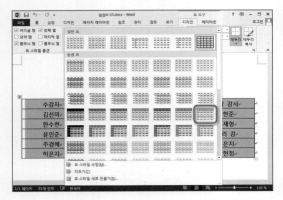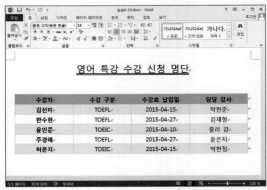

4.4 표 이동 및 복사

표에서 표 이동 핸들을 이용하면 쉽게 표를 이동하거나 복사할 수 있다. 표를 다른 위치로 이동하는 방법과 복사하는 방법에 대하여 알아보자.

▶ 준비파일 : 실습4-11.docx

실습 4-11 | **표 이동하기**

01 '실습4-11.docx' 파일을 열고, 표에 마우스 포인터를 위치시키면 표 왼쪽 상단에 표 이동 핸들(⊹)이 나타난다.

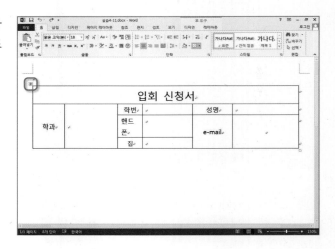

02 표 이동 핸들(✛)을 드래그하여 원하는 곳으로 표를 이동시킨다.

NOTE 표를 이동하는 방법

- **단축키 이용하기** : 표를 선택하고 Ctrl + X 를 누른 후 이동하고자 하는 위치에서 Ctrl + V 를 누른다.
- **Shift 이용하기** : Shift 를 누른 채 표 이동 핸들을 드래그하면 표를 수직/수평으로 이동할 수 있다.

▶ 준비파일 : 실습4-12.docx

실습 4-12　표 복사하기

01 '실습4-12.docx' 파일을 열고, 표에 마우스 포인터를 위치시킨 후 Ctrl 을 누른 상태에서 표 이동 핸들(✛)을 아래 방향으로 드래그하면 표가 복사된다.

NOTE 표를 복사하는 방법

- **단축키 이용하기** : 표를 선택하고 Ctrl + C 를 누른 후 복사하고자 하는 위치에서 Ctrl + V 를 누른다.
- **Shift 이용하기** : Ctrl + Shift 를 누른 채 표 이동 핸들을 드래그하면 표를 수직/수평으로 복사할 수 있다.

4.5 텍스트를 표로 변환

표로 구성되어 있지 않은 일반 텍스트를 단락, 쉼표, 탭, 기타 문자로 구분하여 표 형태로 변환할 수 있다. 단락 구분이 된 텍스트는 새로운 행으로 간주되며 표를 작성하기 위해 열의 개수를 지정하면 쉽게 표를 구성할 수 있다. 탭으로 구분되어 있는 텍스트를 표로 변환해보자.

▶ 준비파일 : 실습4-13.docx

실습 4-13 텍스트를 표로 변환하기

01 '실습4-13.docx' 파일을 열고, 변환할 텍스트를 마우스로 드래그하여 블록 설정한 후 [삽입] 탭 - [표] 그룹 - [표] - [텍스트를 표로 변환]을 선택한다.

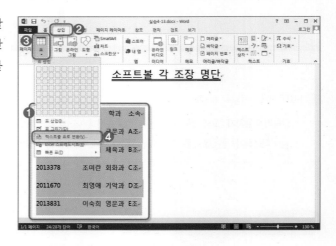

02 [텍스트를 표로 변환] 대화상자가 열리면 [표 크기] 항목의 [열 개수]는 '4'를 입력하고 [텍스트 구분 기호] 항목에서 [탭]을 선택한 후 [확인]을 클릭한다.

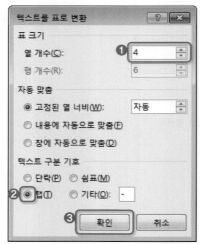

TIP 이 경우 각 셀에 넣을 내용 사이를 탭으로 구분해놓았기 때문에 [텍스트 구분 기호] 항목에서 [탭]을 선택한 것이다. 텍스트 구분 기호에는 단락, 쉼표, 탭 등이 있는데, 구분 기호가 누락되었을 경우 표가 제대로 만들어지지 않는다.

03 선택했던 텍스트가 표로 변환된다.

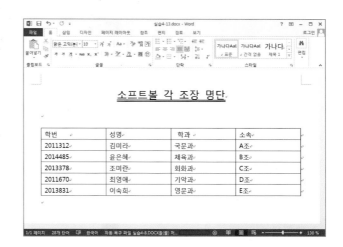

04 표 전체를 블록 설정하고 [표 도구] –
[레이아웃] 탭 – [맞춤] 그룹 – [정가운데 ☰]
를 클릭한다.

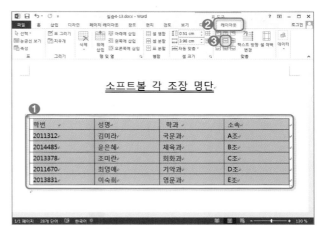

05 다음과 같이 표의 텍스트가 정가운데로
맞춤 정렬된다.

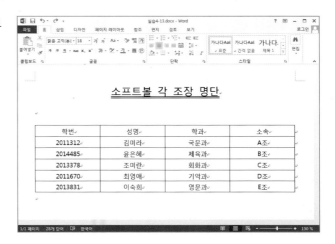

1 표 삽입 및 삭제

- **표 삽입하기** : [표] 명령 단추 이용하기, [표 삽입] 대화상자 이용하기, [표 그리기] 이용하기, [Excel 스프레드시트] 이용하기 등의 방법이 있다.

- **표 삭제하기** : 팝업메뉴에서 [표 삭제]를 선택하거나, [표 도구] – [레이아웃] 탭 – [행 및 열] 그룹 – [삭제] – [표 삭제]를 선택한다.

2 표 편집

- **행과 열 삽입하기** : [표 도구] – [레이아웃] 탭 – [행 및 열] 그룹에 [위에 삽입], [아래에 삽입], [왼쪽에 삽입], [오른쪽에 삽입] 중에서 원하는 메뉴를 선택한다.

- **행과 열 삭제하기** : [표 도구] – [레이아웃] 탭 – [행 및 열] 그룹 – [삭제]를 클릭한다. 또는 [표 도구] – [레이아웃] 탭 – [그리기] 그룹 – [지우개]를 선택하고 삭제할 행이나 열을 드래그한다.

- **셀 병합하기** : 여러 셀을 하나의 셀로 합치는 명령으로, 병합할 셀들을 블록 설정하고 [표 도구] – [레이아웃] 탭 – [병합] 그룹 – [셀 병합]을 클릭한다.

- **셀 분할하기** : 셀을 여러 셀로 나누는 명령으로, 분할할 셀에서 [표 도구] – [레이아웃] 탭 – [병합] 그룹 – [셀 분할]을 선택한다.

- **행 높이/열 너비 조절하기** : [표 도구] – [레이아웃] 탭 – [셀 크기] 그룹에서 [표 행 높이], [표 열 너비]를 조절하거나, 행/열 구분선을 마우스로 드래그하여 조절한다.

3 표 꾸미기

표 스타일을 이용하여 셀 내부에 음영을 주거나 내부 구분선/바깥 테두리에 선 색 및 선 두께 등을 설정하여 표를 꾸밀 수 있다.

4 표 이동 및 복사

- 표를 이동할 때는 표 이동 핸들을 드래그하여 이동하고, 복사할 때는 Ctrl 을 누른 채 표 이동 핸들을 드래그한다.

- 표를 이동하거나 복사할 때 Shift 를 누르면 수직 또는 수평으로 이동 및 복사할 수 있다.

5 텍스트를 표로 변환

- 표로 구성되어 있지 않은 일반 텍스트를 단락, 쉼표, 탭, 기타 문자로 구분하여 표 형태로 변환할 수 있다.

- 단락 구분이 된 텍스트는 새로운 행으로 간주되며 표를 작성하기 위해 열의 개수를 지정하면 쉽게 표를 구성할 수 있다.

연습문제

IT COOKBOOK

1 '연습4-1.docx' 파일을 열어 아래 조건에 맞게 완성하고 '연습4-1(완성).docx'로 저장하시오.

조건 ▶ 준비파일 : 연습4-1.docx

① 이력서 상단 제목에 '음영'을 적용하고 '바다색, 강조 5, 80% 더 밝게'로 설정한다.

② '인적사항', '학적사항', '학적 전과사항'은 '정가운데' 맞춤으로 정렬한다.

③ 'E-mail' 오른쪽 셀은 하나의 셀로 셀 병합한다.

④ 바깥 쪽 테두리는 '이중 실선', '1/2pt'로 변경한다.

전 과 신 청 서

인적사항	성 명		주민등록번호	
	주 소			
	연락처	Home		H_P	
		E-mail		
학적사항	과 정	과정	학 과 명	학과
	압학연도	년 월 일	학 번	
	이수학기	학기	이수학점	학점
	전 공		지도교수	
학 적 전과사항	전압학과	학과	전압전공	
	전압연도	년 월 일	전압학기	학기
	전과사유			

상기 본인은 한빛대학교 _____학과 과정 재학생으로 전과를 희망하오니 허락하여 주시기 바랍니다.

20 년 월 일

한빛대학교 학과장 귀하

Section 04 표 만들기 **85**

2 '연습4-2.docx' 파일을 열어 아래 조건에 맞게 완성하고 '연습4-2(완성).docx'로 저장하시오.

┃조건┃ ─────────────────────────────────────► 준비파일 : 연습4-2.docx

① 준비 파일은 작업 화면으로만 사용한다(빈 영역임).

② 표를 삽입하고 다음 내용을 입력한 후 문단을 정렬한다.

③ 제목 셀에는 음영을 넣는다.

④ 바깥 테두리는 굵은 선으로 설정한다.

⑤ 표 완성 후 오른쪽에 표를 복사하고 내용을 수정한다('사용자 보관용' → '재무회계과 보관용').

외국어(영어) 특강 수강료 납입 고지서	
학 과	
학 과	
성 명	

일 금 : ₩250,000원 정

위 금액을 외국어(영어) 특강 수강료로 영수함

20 년 월 일

한빛대학교

수납대행 : 한빛은행 한빛대 출장소

☎ 820-1234

(사용자 보관용)

외국어(영어) 특강 수강료 납입 고지서	
학 과	
학 과	
성 명	

일 금 : ₩250,000원 정

위 금액을 외국어(영어) 특강 수강료로 영수함

20 년 월 일

한빛대학교

수납대행 : 한빛은행 한빛대 출장소

☎ 820-1234

(재무회계과 보관용)

05 그래픽 개체 꾸미기

워드 문서에 워드아트, 클립 아트, 그림, 비디오를 삽입하고 편집하는 방법과 그림에 캡션 넣기, 그림과 텍스트 배치하기, 그림 정렬하기, 도형 삽입하기, 스크린샷 삽입하기, 엑셀 차트 삽입하고 편집하기 등의 방법에 대하여 알아본다. 또한 새롭게 추가된 기능인 온라인으로 그림과 비디오를 삽입하고 편집하는 방법에 대해서도 학습한다.

5.1 워드아트 삽입

워드아트는 워드 문서에 삽입할 수 있는 그래픽 텍스트로 글자를 장식할 때 사용한다. 워드아트는 개체이기 때문에 배치 및 이동이 자유로우며, 그리기 도구 옵션을 이용하면 글꼴 크기 및 글꼴 색 등을 변경할 수 있다.

▶ 준비파일 : 실습5-1.docx

실습 5-1 워드아트 삽입하기

01 '실습5-1.docx' 파일을 열고, 워드아트로 장식할 제목을 마우스로 드래그하여 블록 설정한 후 [삽입] 탭 – [텍스트] 그룹 – [WordArt 삽입 가]을 클릭한다.

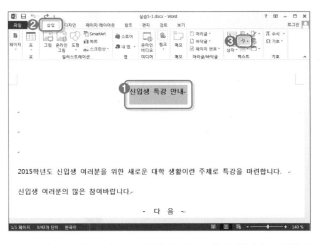

TIP ▶ 워드아트로 설정한 텍스트는 일반 텍스트와 달리 전체가 하나의 개체로 인식되므로 이동이나 회전이 자유롭고, 도형과 마찬가지로 다양한 효과를 설정할 수 있다.

02 워드아트 라이브러리 목록에서 [그라데이션 채우기 – 황금색, 강조 4, 윤곽선 – 강조 4]를 선택한다.

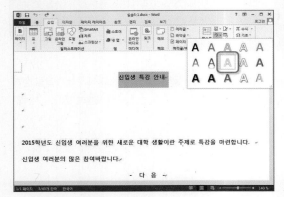
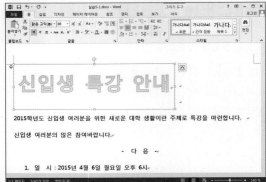

03 마우스 포인터를 워드아트 개체 틀의 테두리에 위치시키면 마우스 포인터가 이동 핸들(🖐)로 바뀐다. 이때 워드아트를 드래그하여 가운데로 이동시킨다.

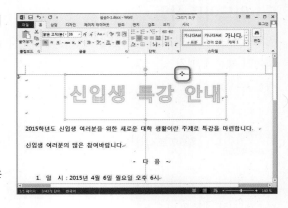

TIP 그래픽 개체를 마우스로 드래그하면 나타나는 연두색 지시선은 도형의 위치를 조정할 때 유용하다.

▌ NOTE 워드아트 직접 삽입하기

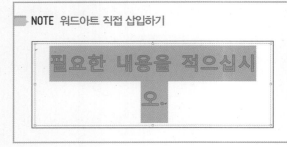

입력되어 있는 텍스트를 이용하지 않고 바로 워드아트를 삽입할 수 있다. [삽입] 탭 – [텍스트] 그룹 – [WordArt 삽입]을 클릭한 후 원하는 워드아트 스타일을 선택하면 '필요한 내용을 적으십시오.'라는 워드아트 개체 틀이 나타난다. 여기에 텍스트를 직접 입력하면 된다.

5.2 클립 아트 삽입

클립 아트는 워드 문서에 삽입할 수 있도록 Office.com에 내장되어 있는 일러스트나 사진과 같은 이미지를 말한다. 문서를 꾸미기 위해 클립 아트를 사용하면 다양한 시각적인 효과를 줄 수 있다. 작성한 내용에 어울리는 클립 아트를 검색하여 문서에 삽입해보자.

실습 5-2 클립 아트 삽입하기

| 단계 1 | 클립 아트 검색하여 삽입하기

01 '실습5-2.docx' 파일을 열고, 클립 아트를 삽입하기 위해 커서를 제목 다음 줄에 위치시킨 후 [삽입] 탭 – [일러스트레이션] 그룹 – [온라인 그림]을 클릭한다.

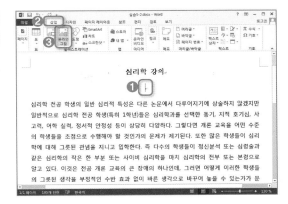

02 [그림 삽입] 창이 나타나면 [Office.com 클립 아트] 입력란에 '강의'라고 입력한 후 Enter 를 누른다. [Office.com 클립 아트] 창에서 원하는 클립 아트를 선택한 후 [삽입]을 클릭한다.

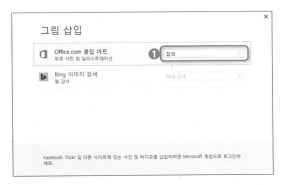

03 다음과 같이 클립 아트가 문서에 삽입된다.

01 삽입된 클립 아트를 클릭하면 가장자리에 정사각형의 크기 조절점이 표시된다. 이 크기 조절점을 마우스로 드래그하여 클립 아트의 크기를 조정한다.

 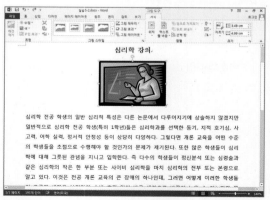

TIP 클립 아트도 워드아트와 같은 개체이므로 마우스 포인터를 클립 아트 개체 틀의 테두리에 위치시키면 마우스 포인터가 이동 핸들( )로 바뀐다. 이때 클립 아트를 마우스로 드래그하여 원하는 위치로 이동시킬 수 있다.

5.3 그림 삽입

워드에서는 작업 중인 문서에 개인이 소장하고 있는 이미지뿐만 아니라 온라인으로 검색한 그림도 삽입할 수 있다. 워드 문서에 그림을 삽입하는 다양한 방법에 대하여 알아보자.

▶ 준비파일 : 실습5-3.docx, 설악산.jpg

실습 5-3   그림 삽입하기

01 '실습5-3.docx' 파일을 열고, 커서를 제목 다음 줄에 위치시킨 후 [삽입] 탭 - [일러스트레이션] 그룹 - [그림]을 클릭한다.

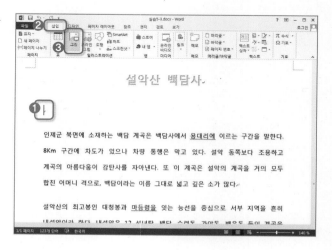

02 [그림 삽입] 대화상자가 열리면 그림 파일이 저장되어 있는 폴더를 열어 '설악산.jpg' 파일을 선택한 후 [삽입]을 클릭하면 워드 문서에 그림이 삽입된다.

TIP 그림에 사용할 수 있는 파일의 종류에는 bmp, jpg, tif, gif, png 등이 있다.

03 크기 조절점을 마우스로 드래그하여 그림의 크기를 알맞게 조절한다.

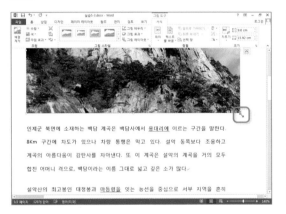 

NOTE 그림 크기 조절하기

그림을 선택한 상태에서 [그림 도구] – [서식] 탭 – [크기] 그룹에 있는 높이와 너비 입력상자에 원하는 높이와 너비를 입력하면 그림 크기가 조절된다.

실습 5-4 온라인 그림 삽입하기

01 '실습5-4.docx' 파일을 열고, 커서를 제목 다음 줄에 위치시킨 후 [삽입] 탭 – [일러스트레이션] 그룹 – [온라인 그림]을 클릭한다.

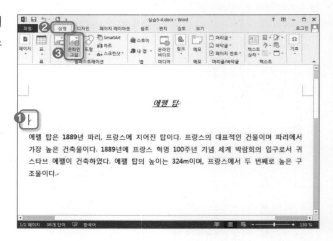

02 [그림 삽입] 창이 열리면 [Bing 이미지 검색] 입력란에 삽입하고자 하는 그림의 키워드를 'eiffel'이라고 입력한 후 Enter 를 누른다. 검색된 결과에서 원하는 그림 하나를 선택한 후 [삽입]을 클릭한다.

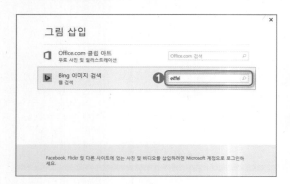

03 그림이 삽입되면 크기 조절점을 마우스로 드래그하여 그림의 크기를 알맞게 조절한다.

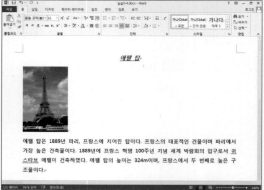

5.4 그림 편집

그림을 삽입한 후 클릭하면 그림을 편집할 수 있도록 매뉴 탭에 [그림 도구]의 [서식] 탭이 활성화된다. 이 [서식] 탭을 활용하면 그림자, 그림 테두리, 그림 효과 등의 다양한 효과를 연출할 수 있다. 워드에서 그림을 편집하는 방법을 알아보자.

▶ 준비파일 : 실습5-5.docx

실습 5-5 그림 편집하기

01 **꾸밈 효과 적용하기** '실습5-5.docx' 파일을 열고, 그림을 선택한 후 [그림 도구] - [서식] 탭 - [조정] 그룹 - [꾸밈 효과]를 클릭한다.

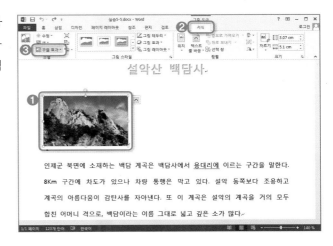

02 [꾸밈 효과] 갤러리에서 [페인트 브러시]를 선택하면 그림에 꾸밈 효과가 적용된다.

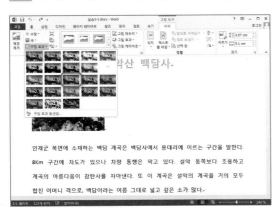
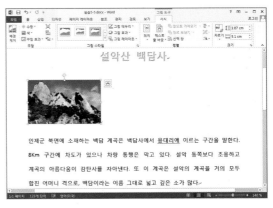

TIP 마우스 포인터를 [꾸밈 효과] 갤러리의 목록 위에 놓으면 효과가 적용된 그림을 미리 확인할 수 있다.

03   꾸밈 효과 제거하기   그림이 선택된 상태에서 [그림 도구] – [서식] 탭 – [조정] 그룹 – [꾸밈 효과]를 클릭한다. [꾸밈 효과] 갤러리에서 [없음]을 선택하면 적용된 꾸밈 효과가 제거된다.

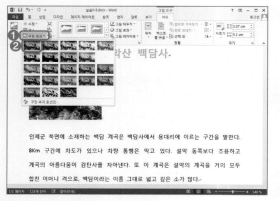 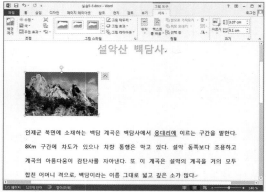

04   밝기/대비 조정하기   그림이 선택된 상태에서 [그림 도구] – [서식] 탭 – [조정] 그룹 – [수정] – [밝기: +40% 대비: −20%]를 선택하면 그림의 밝기와 대비가 조정된다.

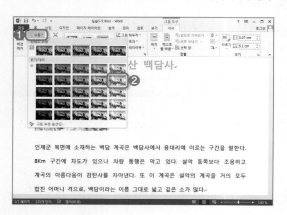 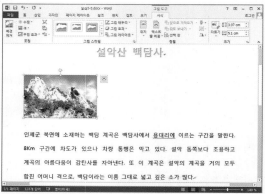

05   그림 스타일 지정하기   그림이 선택된 상태에서 [그림 도구] – [서식] 탭 – [그림 스타일] 그룹 – [자세히 ⬇] 를 클릭한다. [그림 스타일] 갤러리에서 [입체 원근감(왼쪽), 흰색]을 선택하면 그림 스타일이 변경된다.

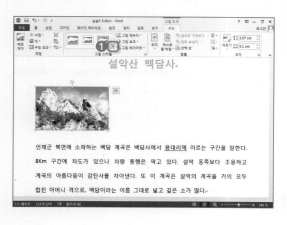 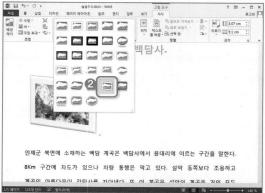

그림에 효과를 적용하기 위해 [그림 도구] – [서식] 탭 – [그림 스타일] 그룹의 대화상자 표시 단추(⌐)를 클릭하면 오른쪽에 [그림 서식] 작업 창이 나타난다. [그림 서식] 작업 창의 [효과]에서 그림 효과 옵션을 조절할 수 있다.

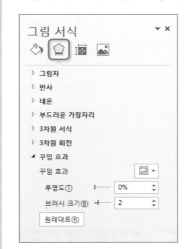

- **그림자** : 그림에 그림자 위치를 지정하여 그림자 효과를 적용할 수 있다.
- **반사** : 그림에 반사 변형을 지정하여 반사 효과를 적용할 수 있다.
- **네온** : 그림의 테두리에 네온 변형을 지정하여 네온 효과를 적용할 수 있다.
- **부드러운 가장자리** : 그림의 가장자리에 블러 효과를 지정하여 부드러운 가장자리 효과를 적용할 수 있다.
- **3차원 서식** : 그림에 3차원 입체 효과의 크기, 깊이, 재질, 조명들을 지정하여 3차원 입체 효과를 적용할 수 있다.
- **3차원 회전** : 그림에 적용된 3차원 입체 효과의 회전을 변경할 수 있다.
- **꾸밈 효과** : 그림에 포토샵에서 사용하는 다양한 효과(연필 스케치, 분필 스케치, 페인트 브러시, 흐리게, 시멘트, 질감 표현, 파스텔 부드럽게 등)를 적용할 수 있다.

5.5 비디오 삽입

워드 2013에서는 작업하고 있는 워드 문서에 온라인에 있는 비디오를 검색하여 삽입할 수 있다. 비디오를 삽입하는 방법에 대하여 알아보자.

▶ 준비파일 : 실습5-6.docx

실습 5-6　　**온라인 비디오 삽입하기**

01 '실습5-6.docx' 파일을 열고, 비디오를 삽입할 위치를 선택한 후 [삽입] 탭 – [미디어] 그룹 – [온라인 비디오]를 클릭한다.

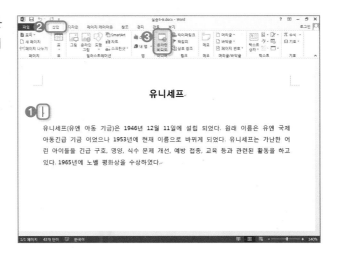

02 [비디오 삽입] 창이 열리면 [YouTube] 입력란에 'Unicef'라고 입력한 후 [Enter]를 누른다.

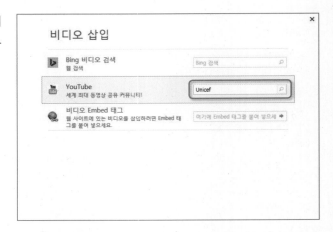

03 [YouTube] 창에서 원하는 비디오를 선택한 후 [삽입]을 클릭한다.

04 다음과 같이 문서에 비디오가 삽입된다.

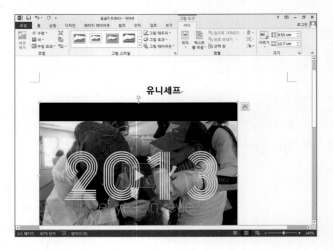

05 비디오가 삽입되면 크기 조절점을 드래그하여 비디오의 크기를 알맞게 조절한다.

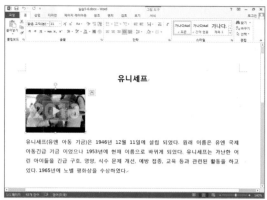

5.6 캡션 삽입

캡션은 그림이나 다른 그래픽 개체에 부연 설명을 입력할 때 사용한다. 캡션에 부여되는 그림 번호, 표 번호 등은 자동으로 삽입되는데 부여되는 번호 모양은 사용자가 임의로 선택하여 지정할 수 있다. 캡션을 삽입하는 방법을 알아보자.

▶ 준비파일 : 실습5-7.docx

실습 5-7 캡션 삽입하기

01 '실습5-7.docx' 파일을 열고, 그림을 선택한 후 마우스 오른쪽 버튼을 누르고 팝업 메뉴에서 [캡션 삽입]을 클릭한다.

02 [캡션] 대화상자에서 [새 레이블]을 클릭하면 [새 레이블] 대화상자가 열린다. [레이블] 입력란에 '가평의 명소 연인 MT장'이라고 입력하고 [확인]을 클릭한 후 [캡션] 대화상자에서도 [확인]을 클릭한다.

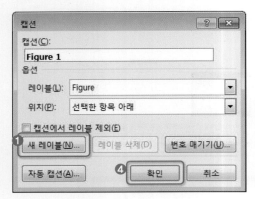
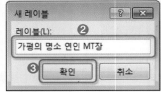

03 다음과 같이 그림에 캡션이 삽입된다.

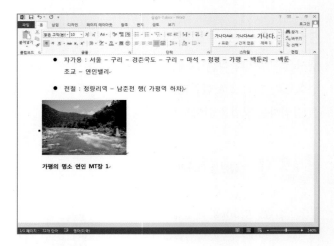

TIP 캡션을 삭제하기 위해서는 [캡션] 대화상자를 열고 [레이블 삭제]를 선택하면 된다.

5.7 그림과 텍스트 배치

그림 개체를 워드 문서에 삽입하면 기본적으로 그림은 '텍스트 줄 안'에 배치된다. 이 배치 스타일을 바꾸고자 할 때 그림과 텍스트 배치를 이용하는데, 이 기능은 삽입된 그림 개체와 텍스트를 페이지 기준으로 어떻게 배치할 것인지 결정하는 명령이다. 그림과 텍스트를 자연스럽게 배치하는 방법을 알아보자.

▶ 준비파일 : 실습5-8.docx

실습 5-8 그림 배치하기

01 '실습5-8.docx' 파일을 열고, 그림을 선택한 후 [그림 도구] - [서식] 탭 - [정렬] 그룹 - [위치]를 클릭하고 [텍스트 배치:텍스트를 정사각형으로 배치하고 오른쪽 가운데에 배치]를 선택한다.

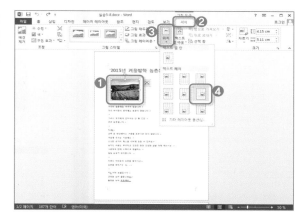

02 다음과 같이 그림이 페이지 오른쪽 가운데에 배치된다.

▶ 준비파일 : 실습5-9.docx

실습 5-9 텍스트 배치하기

01 '실습5-9.docx' 파일을 열고, 그림을 선택한 후 [그림 도구] - [서식] 탭 - [정렬] 그룹 - [텍스트 줄 바꿈] - [빽빽하게]를 선택한다.

TIP▶ [텍스트 줄 바꿈] 항목의 [기타 레이아웃 옵션]을 클릭하면 [레이아웃] 대화상자에서 텍스트와 그림의 간격을 좀 더 세밀하게 조절할 수 있다.

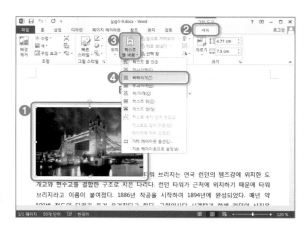

02 다음과 같이 텍스트와 그림이 빽빽하게 배치된다.

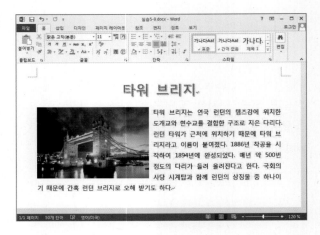

■ **NOTE** 레이아웃 옵션

그림 개체를 선택하면 그림의 오른쪽 상단에 나타나는 [레이아웃 옵션 ⌐⌐]을 이용하여 더욱 간편하게 [텍스트 줄 바꿈]을 적용할 수 있다.

5.8 도형 삽입

도형의 종류에는 선, 기본 도형, 화살표, 수식 도형, 순서도 도형, 별, 배너 및 설명선 등이 있다. 워드 문서에 도형을 삽입하고 삽입한 도형에 텍스트를 입력하는 방법을 알아보자.

▶ 준비파일 : 실습5-10.docx

실습 5-10 | 도형 삽입하기

01 **도형 선택하기** '실습5-10.docx' 파일을 열고, [삽입] 탭 – [일러스트레이션] 그룹 – [도형]을 클릭한 후 [사각형:직사각형]을 선택한다.

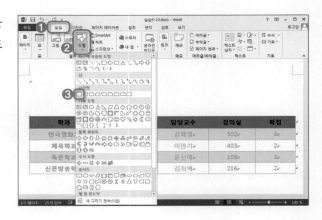

02 **도형 그리기** 필요한 위치에 원하는 크기만큼 마우스로 드래그하여 도형을 그린다.

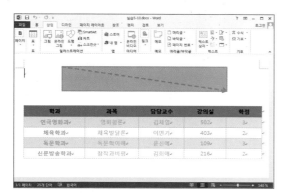 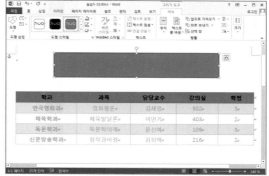

TIP 정사각형 또는 정원을 그리기 위해서는 Shift 를 누른 채 도형을 드래그하면 되고, 가운데 축을 중심으로 좌우가 대칭인 도형을 그리려면 Ctrl 을 누른 채 드래그하면 된다.

03 **도형에 텍스트 입력하기** 도형을 선택하고 마우스 오른쪽 버튼을 클릭한다. 팝업메뉴에서 [텍스트 추가]를 클릭하고 도형 안에 '학과별 시간표'라고 입력한다.

04 **글꼴 크기 확대하기** 입력된 텍스트를 마우스로 드래그하여 블록 설정한 후 [홈] 탭 - [글꼴] 그룹에서 [글꼴 크기]는 '20'을 선택한다.

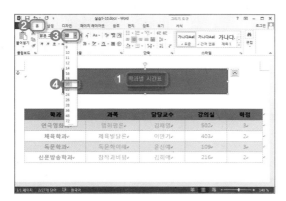 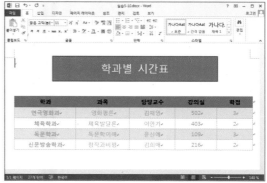

5.9 도형 편집

삽입된 도형의 모양을 다른 형태의 도형으로 변경하기, 여러 도형을 그룹화 하기, 배경색 채우기, 윤곽선 서식 설정, 도형 스타일 설정, 도형 정렬 등 도형을 편집하는 방법에 대하여 알아보자.

▶ 준비파일 : 실습5-11.docx

실습 5-11 도형 모양 변경하기

01 **모서리 모양 변경하기** '실습5-11.docx' 파일을 열고, 첫 번째 도형을 선택한 후 노란 색의 '모양 변경 조절점'을 선택하여 안쪽으로 드래그하면 도형의 모양이 변경된다.

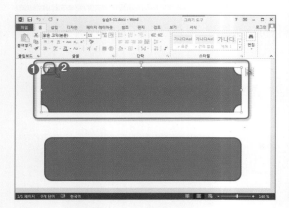 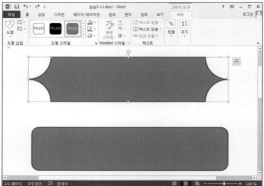

TIP 도형에 따라 '모양 변경 조절점'이 없는 도형도 있지만 '모양 변경 조절점'이 있는 도형의 경우에는 모서리 모양을 쉽게 변경할 수 있다.

02 **도형 모양 바꾸기** 두 번째 도형을 선택한 후 [그리기 도구] – [서식] 탭 – [도형 삽입] 그룹 – [도형 편집] – [도형 모양 변경]을 클릭하고 [기본도형:정육면체]를 선택하면 도형의 모양이 바뀐다.

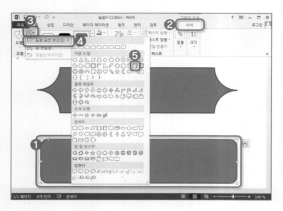 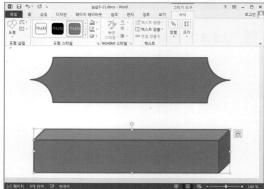

03 **그룹화 하기** Shift 를 누른 채 두 개의 도형을 클릭하고 [그리기 도구] – [서식] 탭 – [정렬] 그룹 – [개체 그룹화 ⧉▾] – [그룹]을 선택하면 두 개의 도형이 그룹화 된다.

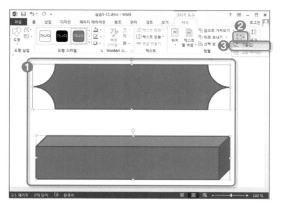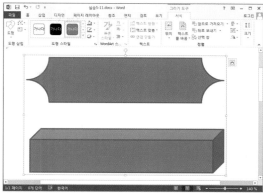

TIP▶ 그룹을 해제하려면 [그리기 도구] – [서식] 탭 – [정렬] 그룹 – [개체 그룹화] – [그룹 해제]를 선택한다.

▶ 준비파일 : 실습5-12.docx

실습 5-12 **도형 서식 변경하기**

01 **채우기 색 변경하기** 도형을 선택한 후 [그리기 도구] – [서식] 탭 – [도형 스타일] 그룹 – [도형 채우기]를 클릭하고 [테마 색:주황, 강조 6]을 선택하면 도형이 다른 색으로 채워진다.

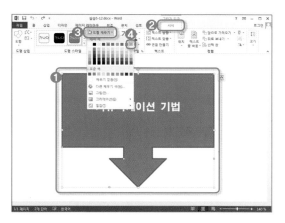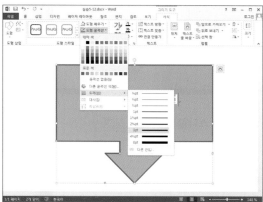

02 **도형 윤곽선 변경하기** 도형이 선택된 상태에서 [그리기 도구] – [서식] 탭 – [도형 스타일] 그룹 – [도형 윤곽선] – [두께] – [3pt]를 선택하면 도형의 윤곽선이 변경된다.

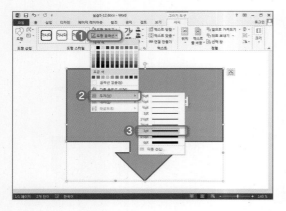

03 **그림자 효과 적용하기** 도형이 선택된 상태에서 [그리기 도구] – [서식] 탭 – [도형 스타일] 그룹 – [도형 효과] – [그림자]를 선택하고 [바깥쪽:오프셋 대각선 오른쪽 아래]를 클릭하면 도형에 그림자 효과가 적용된다.

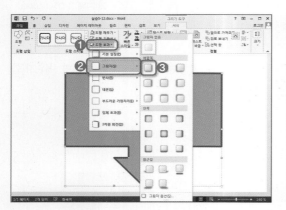

04 **도형 스타일 변경하기** 도형이 선택된 상태에서 [그리기 도구] – [서식] 탭 – [도형 스타일] 그룹 – [자세히 ▼]를 클릭하고 [도형 스타일] 목록에서 [미세 효과 – 황록색, 강조 3]을 선택하면 도형 스타일이 변경된다.

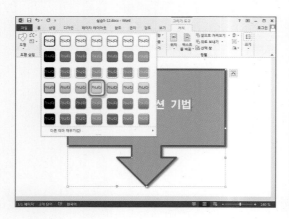
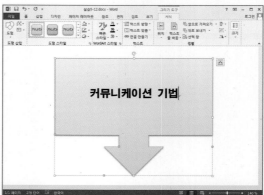

▶ 준비파일 : 실습5-13.docx

실습 5-13 | 도형 정렬하기

01 **도형 순서 조정하기** '실습5-13.docx' 파일을 열고, 주황색 사각형을 선택한 후 [그리기 도구] – [서식] 탭
– [정렬] 그룹 – [앞으로 가져오기] – [앞으로 가져오기]를 선택하면 주황색 사각형이 연두색 사각형의 앞으로
올라온다.

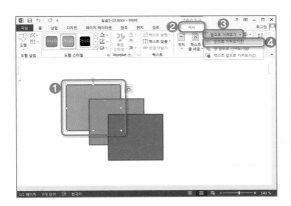
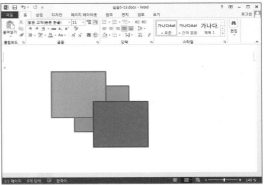

TIP▶ [맨 앞으로 가져오기]를 선택하면 겹쳐져 있는 모든 도형의 맨 앞으로 도형이 올라온다.

02 **도형 간격 맞추기** Shift 를 누른 채로 보라색 원 3개를 선택하고 [그리기 도구] – [서식] 탭 – [정렬] 그룹
– [맞춤 🔳] – [가로 간격을 동일하게]를 클릭하면 도형 3개의 가로 간격이 동일하게 맞춤 정렬된다.

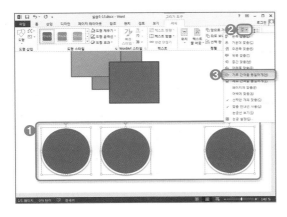
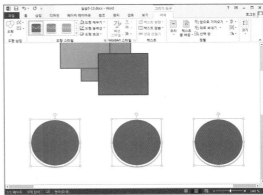

5.10 스크린샷 추가

스크린샷 명령은 작업 중인 창을 캡처하는 기능으로, 시간별로 달라지는 목록이나 최신 뉴스 등과 같이
변경되거나 만료될 수 있는 정보 창을 캡처하는 데 유용하게 사용된다. 화면 캡처를 할 때는 작업 표시
줄에 최소화되지 않은 창만 캡처할 수 있으며, 캡처한 그림은 필요한 위치에 삽입할 수 있다. 스크린샷
추가에 대하여 알아보자.

▶ 준비파일 : 실습5-14.docx

실습 5-14   스크린샷 추가하기

| 단계 1 | 전체 스크린샷 추가하기

01 '실습5-14.docx' 파일을 열고, [파일]
탭 - [새로 만들기] - [새 문서]를 클릭한다.

02 빈 문서에 '실습5-14.docx' 문서를 전
체 창으로 캡처하기 위해 [삽입] 탭 - [일러스
트레이션] 그룹 - [스크린샷]을 선택한 후 [사
용할 수 있는 창] 갤러리에 있는 '실습5-15.
docx' 문서를 클릭한다.

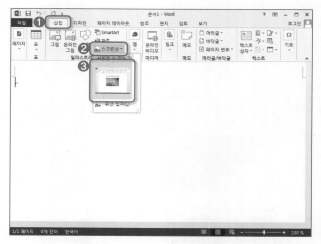

03 다음과 같이 빈 문서에 스크린샷이 캡처되어 삽입된다.

| 단계 2 | 부분 스크린샷 추가하기

01 [단계 1]에서 삽입한 그림을 Delete 를 눌러 지우고 다시 빈 문서로 만든다. 열려 있는 '실습5-14.docx' 문서를 부분적으로 캡처하기 위해 [삽입] 탭 – [일러스트레이션] 그룹 – [스크린샷] – [화면 캡처]를 클릭한다.

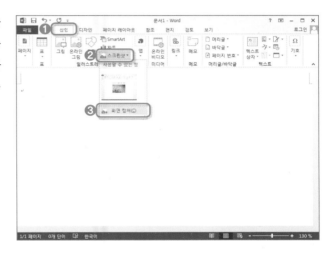

02 전체 화면이 흐리게 보이면서 마우스 포인터가 십자 모양으로 바뀐다. 캡처할 화면의 그림 영역을 마우스로 드래그하여 선택하면 캡처된 이미지가 빈 문서에 그림으로 삽입된다.

5.11 엑셀 차트 삽입

차트는 입력된 데이터의 정보를 쉽게 비교, 분석할 수 있도록 만들어 놓은 그래픽 도구로, 입력된 데이터와 연결되어 있다. 워드에서는 세로 막대형 차트, 꺾은선 형 차트, 원형 차트 등 다양한 종류의 차트를 제공한다. 차트는 완성한 후에도 데이터와 종류 변경이 가능하며 차트에 대한 다양한 옵션을 선택할 수 있다. 엑셀 차트를 워드 문서에 삽입하는 방법을 알아보자.

▶ 준비파일 : 실습5-15.docx

실습 5-15 엑셀 차트 삽입하기

| 단계 1 | 차트 작성하기

다음 표를 이용하여 막대 차트를 만들어보자.

	출석	중간	기말	자격증
이선애	29	24	28	10
윤미진	30	30	27	0
강수천	30	25	29	10
최영규	27	27	26	10
민준호	30	29	30	0
양혜진	29	30	28	10

01 '실습5-15.docx' 파일을 열고, [삽입] 탭 – [일러스트레이션] 그룹 – [차트]를 클릭한다. [차트 삽입] 대화상자가 열리면 [세로 막대형] – [묶은 세로 막대형]을 선택하고 [확인]을 클릭한다.

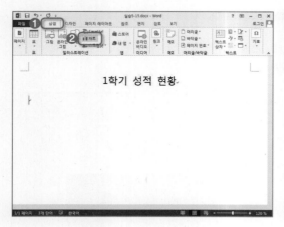

02 데이터를 편집할 수 있는 엑셀 창이 열리면 표 데이터를 입력한 후 오른쪽 상단의 [닫기 ✕]를 클릭한다.

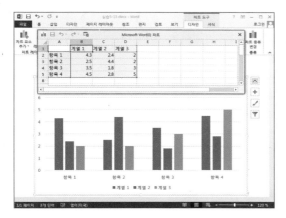 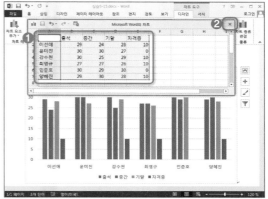

03 다음과 같이 워드 작업 영역에 엑셀 차트가 삽입된다.

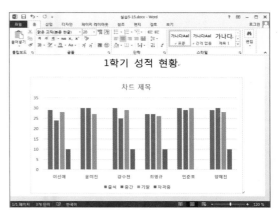

| 단계 2 | 차트 편집하기

01 **X축 제목 삽입하기** 차트를 선택하고 [차트 도구] – [디자인] 탭 – [차트 레이아웃] 그룹의 [차트 요소 추가] – [축 제목] – [기본 가로]를 클릭하면 X축 제목이 차트에 삽입된다. X축 제목을 '이름'이라고 입력한다.

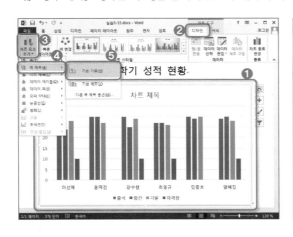 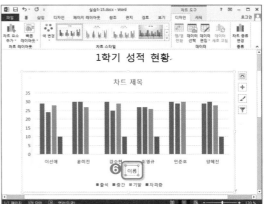

02 **Y축 제목 삽입하기** [차트 도구] – [디자인] 탭 – [차트 레이아웃] 그룹의 [차트 요소 추가] – [축 제목] – [기본 세로]를 클릭하면 Y축 제목이 차트에 삽입된다. Y축 제목을 '점수'라고 입력한다.

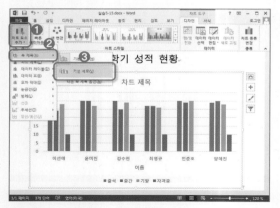 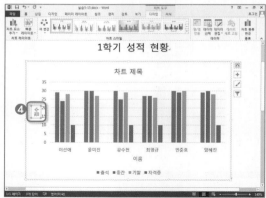

03 **차트 제목 삭제하기** [차트 도구] – [디자인] 탭 – [차트 레이아웃] 그룹의 [차트 요소 추가] – [차트 제목] – [없음]을 클릭하면 차트 제목이 삭제된다.

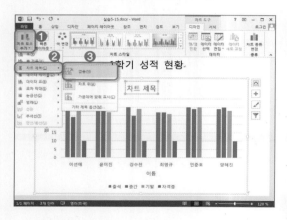 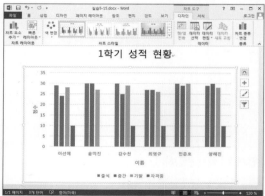

04 **범례 이동하기** [차트 도구] – [디자인] 탭 – [차트 레이아웃] 그룹의 [차트 요소 추가] – [범례] – [오른쪽]을 클릭하면 범례가 차트 오른쪽으로 이동한다.

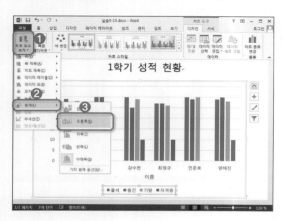 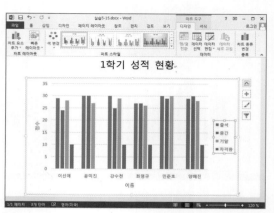

05 **범례 편집하기** 차트의 범례를 선택하고 [차트 도구] – [서식] 탭 – [도형 스타일] 그룹의 [도형 윤곽선 ✏️▾] – [대시] – [실선]과 [도형 윤곽선 ✏️▾] – [테마 색] – [검정, 텍스트 1]을 선택하면 범례에 윤곽선이 나타난다.

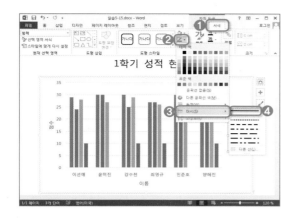
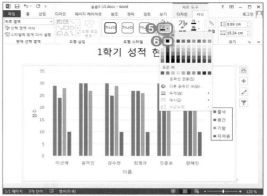

06 **데이터 레이블 표시하기** [차트 도구] – [디자인] 탭 – [차트 레이아웃] 그룹의 [차트 요소 추가] – [데이터 레이블] – [가운데]를 선택하면 막대 차트 가운데에 레이블 값이 표시된다.

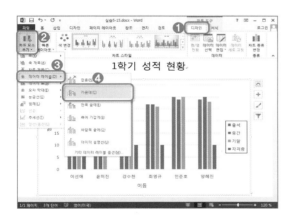
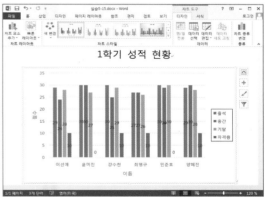

요약

1 워드아트 삽입

워드아트는 워드 문서에 삽입할 수 있는 그래픽 텍스트로 글자를 장식할 때 사용하며, [삽입] 탭 – [텍스트] 그룹 – [WordArt 삽입]을 클릭하면 삽입된다.

2 클립 아트 삽입

- 클립 아트는 워드 문서에 삽입할 수 있도록 Office.com에 내장되어 있는 일러스트나 사진과 같은 이미지를 말한다. 문서를 꾸미기 위해 클립 아트를 사용하면 다양한 시각적인 효과를 줄 수 있다.
- **클립 아트 삽입하기** : [삽입] 탭 – [일러스트레이션] 그룹 – [온라인 그림]을 클릭하고 [Office.com 클립 아트]를 이용한다.

3 그림 삽입

- **그림 삽입하기** : [삽입] 탭 – [일러스트레이션] 그룹 – [그림]을 클릭한다.
- **온라인 그림 삽입하기** : [삽입] 탭 – [일러스트레이션] 그룹 – [온라인 그림]을 클릭하고 [Bing 이미지 검색]을 이용한다.

4 비디오 삽입

워드 2013에서는 워드 문서에 온라인에 있는 비디오를 검색하여 삽입할 수 있으며, [삽입] 탭 – [미디어] 그룹 – [온라인 비디오]를 클릭하면 비디오가 삽입된다.

5 캡션 삽입

그래픽 개체에 부연 설명을 입력하는 기능으로, 캡션에 부여되는 그림 번호나 표 번호 등은 자동으로 삽입된다.

6 도형 삽입 및 편집

- **도형의 종류** : 선, 기본 도형, 화살표, 수식 도형, 순서도 도형, 별, 배너 및 설명선 등이 있다.
- **도형 삽입하기** : [삽입] 탭 – [일러스트레이션] 그룹 – [도형]을 클릭한다.
- **도형 서식 변경하기** : [그리기 도구] – [서식] 탭 – [도형 스타일] 그룹을 이용한다.

7 스크린샷 추가

작업 중인 창을 캡처하는 기능으로, 시간별로 달라지는 목록이나 최신 뉴스 등과 같이 변경되거나 만료될 수 있는 정보 창을 캡처하는 데 유용하다.

8 엑셀 차트 삽입

- 차트는 입력된 데이터의 정보를 쉽게 비교, 분석할 수 있도록 만들어 놓은 그래픽 도구다.
- **엑셀 차트 삽입하기** : [삽입] 탭 – [일러스트레이션] 그룹 – [차트]를 클릭한다.

연습문제

1 '연습5-1.docx' 파일을 열어 아래 조건에 맞게 완성하고 '연습5-1(완성).docx'로 저장하시오.

┃조건┃ ──► 준비파일 : 연습5-1.docx

① 제목
- 워드아트 '그라데이션 채우기 – 파랑, 강조 1, 반사'
- 가운데 맞춤, 글꼴 크기 '20pt'

② 그림
- 그림 삽입 : '에펠탑.jpg'
- 텍스트 줄 바꿈 : '텍스트 뒤'
- 그림 위치 : '텍스트를 정사각형으로 배치하고 정가운데에 배치'
- 그림 높이 : '10 cm', 그림 너비 : '6.74 cm'
- 꾸밈 효과 : '분필 스케치'

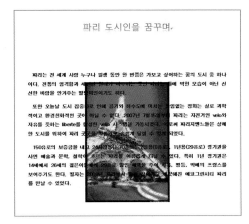

2 '연습5-2.docx' 파일을 열어 아래 조건에 맞게 완성하고 '연습5-2(완성).docx'로 저장하시오.

┃조건┃ ──► 준비파일 : 연습5-2.docx

① 제목 도형 변경 : '순서도 : 천공 테이프'
② 원 : 도형 스타일 '강한 효과 – 회색-50%, 강조 3'
③ 그룹 : 원과 사각형 텍스트 도형

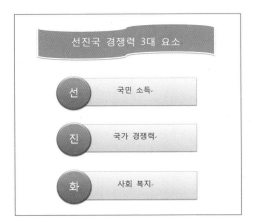

06 특수 기능

키보드에 없는 특수문자와 수식을 입력하는 방법과 하이퍼링크를 삽입하여 웹과 전자우편에 연결하는 방법을 알아본다. 또한 워드 문서의 특정한 위치로 이동하는 책갈피 기능, 첫 문자 장식하기, 엑셀 개체 삽입하기, 편지 및 봉투 기능 등 워드의 특수 기능에 대하여 학습한다.

6.1 특수문자 입력

키보드에 없는 기호나 특수문자, 유니코드를 입력할 때 사용하는 기능이다. 삽입할 수 있는 기호 및 문자 형식은 선택한 글꼴에 따라 달라지는데, 예를 들어 Symbol 글꼴에는 화살표, 글머리 기호 및 공학용 기호가 포함되어 있고 Wingdings 글꼴에는 주로 장식 기호 및 화살표에 관한 기호 등이 포함되어 있으며, 그 외에도 특수문자를 사용하기 위한 다양한 글꼴이 준비되어 있다.

> **NOTE 유니코드란?**
>
> 국제 컨소시엄에서 개발한 문자 인코딩 표준 방식으로 전 세계의 거의 모든 언어를 단일 문자 집합으로 구성하여 표시할 수 있다. KSC5601의 경우 한글은 2Byte, 영문은 1Byte를 차지하지만 유니코드는 한글, 영문 모두 2Byte를 차지한다.

▶ 준비파일 : 실습6-1.docx

실습 6-1   **특수문자 입력하기**

01 '실습6-1.docx' 파일을 열고, '한빛 영어센터' 뒤에 특수문자 '☎'를 삽입하기 위해 커서를 위치시킨 후 [삽입] 탭 – [기호] 그룹 – [기호] – [다른 기호]를 클릭한다.

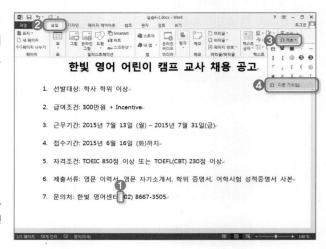

TIP 최근에 사용한 특수문자는 [기호]를 클릭하면 바로 나타난다. 이때 사용하고자 하는 기호가 있다면 바로 선택하여 삽입할 수 있다.

02 [기호] 대화상자가 열리면 [기호] 탭에서 [글꼴]은 '맑은 고딕', [하위 집합]은 '기타 기호'를 선택한다. 기호 목록에서 '☎'를 클릭한 후 [삽입]을 누르면 특수문자가 삽입된다.

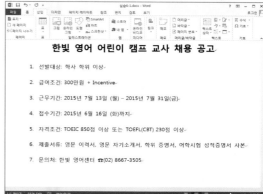

6.2 수식 입력

워드에서 수식을 입력하고 편집하기 위해서는 유니코드의 문자 코드와 수식 자동 고침 항목을 사용하여 텍스트를 기호로 바꿔야 한다. 수식을 입력하는 방법에는 수식 라이브러리에서 선택하는 방법과 수학 구조로 삽입하는 방법이 있다.

▶ 준비파일 : 실습6-2.docx

실습 6-2　수식 입력하기

| 단계 1 | 라이브러리에서 수식 입력하기

01 '실습6-2.docx' 파일을 열고, 수식을 입력할 위치에 커서를 위치시킨 후 [삽입] 탭 – [기호] 그룹 – [수식]을 클릭한다.

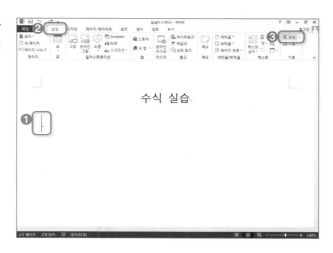

02 커서가 있던 위치에 수식 입력상자가 나타나면 [수식 도구] – [디자인] 탭 – [도구] 그룹 – [수식]을 클릭한다.

03 [수식] 라이브러리에서 제공하는 [원 면적]을 클릭한다.

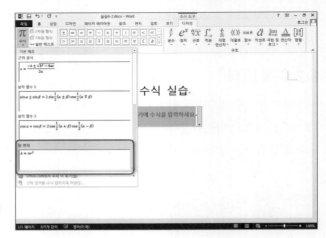

TIP 수식 라이브러리를 이용하면 자주 사용하는 수학 함수를 쉽게 입력할 수 있다.

04 다음과 같이 수식이 입력된다.

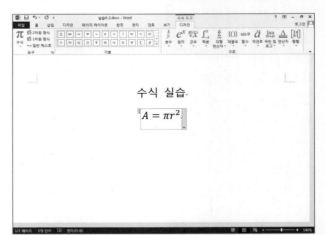

| 단계 2 | 일반적인 수학 구조로 수식 입력하기

01 앞에서 입력한 수식 뒤에서 [Enter]를 눌러 줄을 바꾼 후 [삽입] 탭 – [기호] 그룹 – [수식]을 클릭한다.

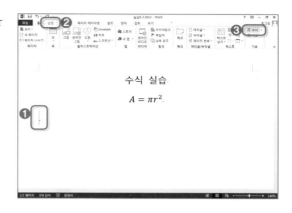

02 분수를 입력하기 위해 [수식 도구] – [디자인] 탭 – [구조] 그룹 – [분수] – [분수:상하형 분수]를 선택한다.

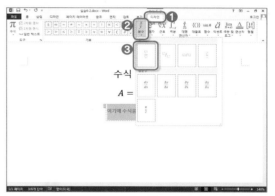

03 분수 개체 틀이 생성되면 개체 틀 안을 클릭하여 위에 있는 분자에는 '1'을, 아래에 있는 분모에는 '3'을 입력하여 완성한다.

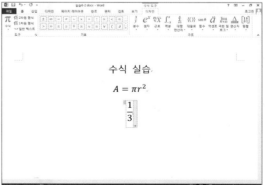

NOTE 수식 직접 입력하기

수식 개체 틀을 클릭하면 활성화되는 [수식 도구]의 [디자인] 탭에는 수식을 입력하는 데 쓰이는 기호와 도구들이 포함되어 있다. 여기서 필요한 기호를 선택하여 수식을 만들면 된다.

6.3 하이퍼링크 삽입

하이퍼링크는 워드 문서 내의 특정 텍스트나 개체를 클릭했을 때 다른 파일이나 웹 페이지, 또는 같은 문서 내의 특정 위치로 이동하는 기능이다. 하이퍼링크는 전자우편 프로그램으로도 연결이 가능하여 작성한 문서를 메일로 보낼 수 있다.

▶ 준비파일 : 실습6-3.docx

실습 6-3　　하이퍼링크 삽입하기

`01` '실습6-3.docx' 파일을 열고, 'http://www.chf.or.kr'을 마우스로 드래그하여 블록 설정한 후 [삽입] 탭 – [링크] 그룹 – [하이퍼링크]를 클릭한다.

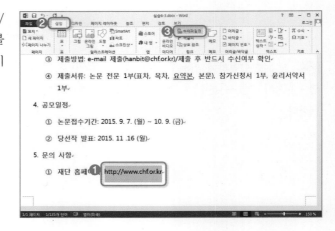

`02` [하이퍼링크 삽입] 대화상자가 열리면 [기존 파일/웹 페이지]를 클릭하고 [주소] 입력란에 'http://www.chf.or.kr'을 입력한다. 홈페이지에 연결하면 보이는 문구를 입력하기 위해 [화면 설명]을 클릭하고 [하이퍼링크 화면 설명 설정] 창이 열리면 '한국문화재보호재단 홈페이지로 이동합니다.'를 입력한 후 [확인]을 클릭한다. [하이퍼링크 삽입] 대화상자에도 [확인]을 클릭한다.

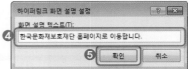

03 다음과 같이 'http://www.chf.or.kr' 에 하이퍼링크가 표시된다.

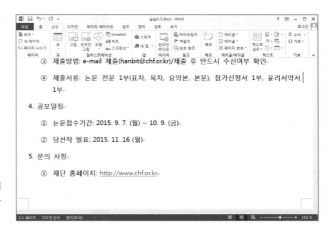

TIP 텍스트가 하이퍼링크로 연결되었을 때는 파란색 글씨와 밑줄이 표시된다. 이 텍스트를 클릭하여 링크된 곳으로 한 번이라도 이동하면 보라색 글씨로 표시된다.

04 표시된 하이퍼링크 주소를 Ctrl 을 누른 상태에서 클릭하면 'http://www.chf.or.kr' 홈페이지로 연결된다.

TIP 하이퍼링크를 해제하려면 하이퍼링크가 연결된 텍스트 위에 마우스 포인터를 위치시킨 후 마우스 오른쪽 버튼을 클릭하고 팝업메뉴에서 [하이퍼링크 제거하기]를 선택하면 된다.

NOTE 하이퍼링크 전자우편 생성하기

특정 단어 또는 이메일 주소를 마우스로 드래그하여 블록 설정한 후 [삽입] 탭 – [링크] 그룹 – [하이퍼링크]를 클릭한다. [하이퍼링크 삽입] 대화상자에서 [전자메일 주소]를 누른 후 [전자메일 주소] 입력란에 전자우편 주소를 입력하면 'mailto:전자우편주소'가 생성된다. 여기서 [확인]을 클릭하면 전자우편 하이퍼링크가 완성된다.

6.4 책갈피 기능

워드 문서의 특정 위치에 책갈피를 만들어 등록한 후 필요할 때 언제든지 책갈피가 있는 위치로 쉽게 이동할 수 있도록 만드는 기능이다. 워드 문서에 책갈피를 삽입하는 방법을 알아보자.

▶ 준비파일 : 실습6-4.docx

실습 6-4   책갈피 삽입하기

01 '실습6-4.docx' 파일을 열고, 책갈피를 삽입할 위치인 '순천만 갈대밭' 앞에 커서를 위치시키고 [삽입] 탭 - [링크] 그룹 - [책갈피]를 클릭한다.

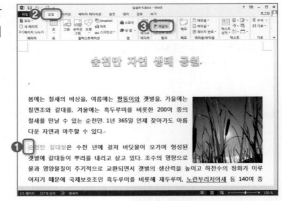

02 [책갈피] 대화상자가 열리면 [책갈피 이름] 입력란에 '순천만'이라고 입력하고 [추가]를 클릭하여 등록한다. 같은 방법으로 '낙안읍성' 앞에 커서를 두고 책갈피 이름을 '낙안읍성'으로 등록한다.

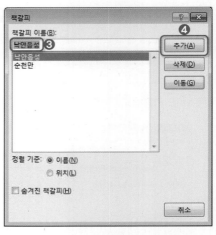

TIP [책갈피] 대화상자에 책갈피 이름을 등록할 때는 반드시 문자로 시작해야 하며 중간에 숫자는 포함할 수 있지만 공백은 포함할 수 없다.

03 책갈피를 이용하여 '낙안읍성'으로 이동하기 위해 문서 내 임의의 위치에 커서를 위치시킨 후 [책갈피] 대화상자를 연다. 책갈피 중 '낙안읍성'을 선택하고 [이동]을 클릭하면 문서 내 '낙안읍성'의 위치로 이동한다.

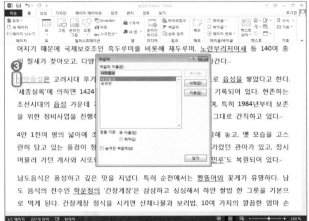

04 등록된 다른 이름을 선택해도 지정된 책갈피가 있는 위치로 커서가 이동한다.

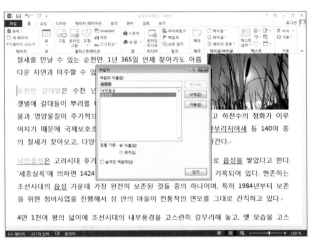

TIP 커서가 이동한 후에도 [책갈피] 대화상자는 닫히지 않고 열려 있으며, 이 상태에서 다른 책갈피를 선택하여 계속 이동할 수 있다. [책갈피] 대화상자를 닫으려면 [닫기]를 클릭한다.

6.5 첫 문자 장식

단락 맨 앞의 첫 글자를 큰 문자로 장식하는 기능이다. 이 기능을 이용하면 커서가 위치해있는 단락 어느 곳에서든지 첫 문자 장식 글자를 만들 수 있다.

실습 6-5 첫 문자 장식하기

01 '실습6-5.docx' 파일을 열고, 커서를 '봄' 앞에 위치시킨 후 [삽입] 탭 - [텍스트] 그룹 - [단락의 첫 문자 장식 추가 [가▾]] - [본문]을 클릭한다.

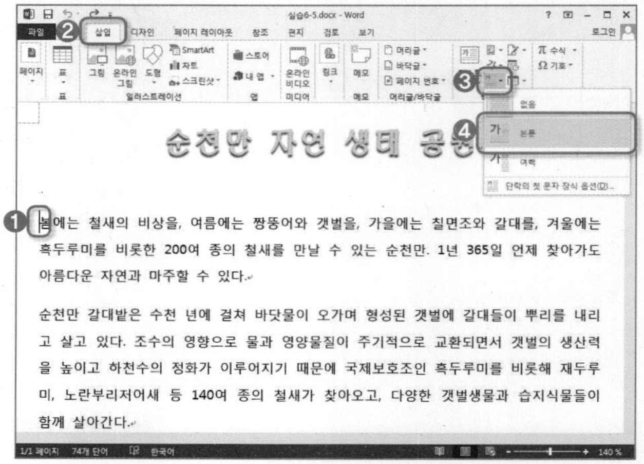

TIP 첫 문자 장식 명령을 지정할 때는 첫 글자에 블록 설정하지 않아도 된다. 워드 2010에서는 블록 설정하지 않으면 명령이 적용되지 않았으나 워드 2013부터는 사용자 선택 사항으로 개선되었다.

02 다음과 같이 첫 단락의 텍스트 '봄'에 첫 문자 장식이 적용된다.

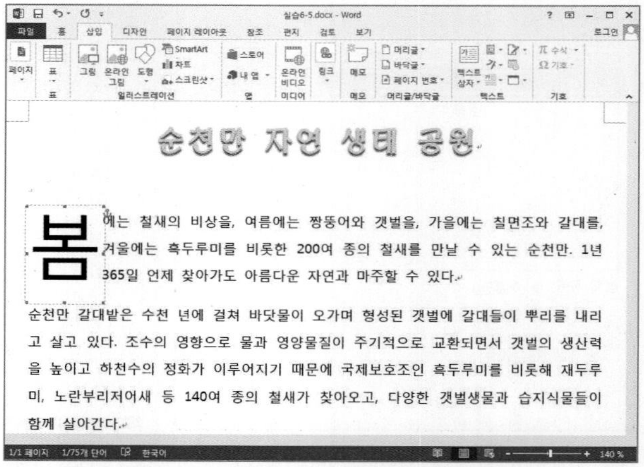

TIP 첫 문자 장식을 해제하려면 단락의 임의의 위치에 커서를 두고 [삽입] 탭 - [텍스트] 그룹 - [단락의 첫 문자 장식 추가] - [없음]을 선택한다.

NOTE 단락의 첫 문자 장식 옵션

단락의 첫 문자 장식에 대한 옵션을 설정하려면 [삽입] 탭 - [텍스트] 그룹 - [단락의 첫 문자 장식 추가]를 선택하여 열리는 [단락의 첫 문자 장식] 대화상자에서 조절한다. 문자의 높이는 [장식 문자 높이(줄 수)]에서 조절하고, 첫 문자와 텍스트와의 간격은 [텍스트와의 간격]에서 조절한다.

6.6 엑셀 개체 삽입 및 편집

자주 사용하는 엑셀 데이터를 하나의 개체로 삽입하는 기능이다. 삽입된 액셀 개체를 더블클릭하면 워드 문서에서 엑셀이 실행되어 엑셀 명령을 사용할 수 있다.

▶ 준비파일 : 실습6-6.docx, 미술대회.xlsx

실습 6-6 | **엑셀 개체 삽입/편집하기**

| 단계 1 | 엑셀 개체 삽입하기

01 '실습6-6.docx' 파일을 열고, 엑셀 파일을 개체로 삽입하기 위해 커서를 '실기대회 참가부문' 다음 줄에 위치시킨 후 [삽입] 탭 – [텍스트] 그룹 – [개체 ▢]를 클릭한다.

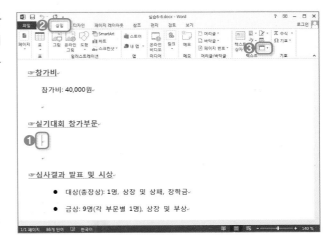

02 [개체] 대화상자가 열리면 [파일로부터 만들기] 탭을 선택하고 [찾아보기]를 클릭한다.

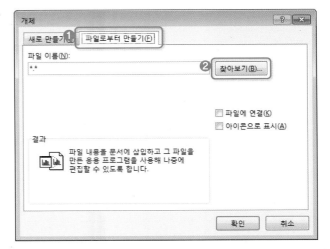

03 [찾아보기] 대화상자에서 '미술대회.xlsx' 파일을 선택하고 [삽입]을 클릭한 후 [개체] 대화상자에서 [확인]을 클릭한다.

04 다음과 같이 워드 문서에 엑셀 개체가 삽입된다.

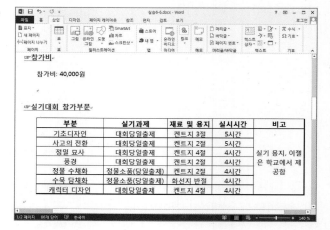

▶ NOTE 연결된 개체와 포함된 개체의 차이점 이해하기

워드 문서에 삽입되는 개체는 연결된 개체와 포함된 개체가 있다. 연결된 개체는 원본 파일을 문서에 링크하는 것이고, 포함된 개체는 복사본을 삽입하는 것이다. 두 개체의 가장 큰 차이점은 데이터가 저장되는 위치와 워드 문서에 데이터를 삽입한 후 내용을 변경하는 방법이다.

• **연결된 개체** : 엑셀 개체를 삽입한 후 원본 파일의 내용을 변경하면 문서에 삽입된 개체 내용도 함께 변경된다.

• **포함된 개체** : 원본 데이터의 복사본이므로 원본의 내용이 변경되더라도 문서에 삽입된 개체의 내용은 변경되지 않는다.

| 단계 2 | 엑셀 개체 편집하기

01 삽입한 엑셀 개체의 내용을 수정하기 위해 엑셀 개체를 선택하고 더블클릭하면 엑셀 수정 모드가 나타난다.

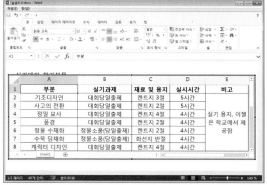

02 [B8] 셀을 '응용동작(당일출제)'로 수정하고 엑셀 편집을 마치기 위해 워드 문서의 임의의 위치를 클릭한다.

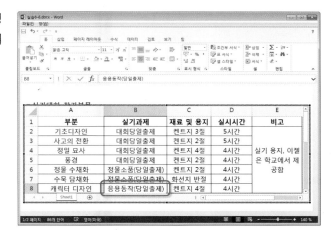

03 다음과 같이 엑셀 개체에 수정된 내용이 반영된다.

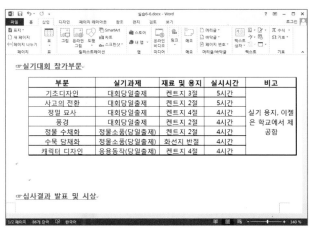

6.7 편지 및 봉투 기능

편지 및 봉투 기능은 동일한 형식의 초대장이나 편지 봉투 양식을 만들어 여러 고객에게 발송하는 기능이다. 편지 및 봉투 기능을 사용하면 출력할 때 연결된 고객 데이터에서 내용을 가져오므로 출력 내용이 페이지마다 달라진다. 편지 내용에 고객 정보를 연결하고 봉투를 출력하는 방법을 알아보자.

▶ 준비파일 : 실습6-7.docx, 초대명단.xlsx

실습 6-7   편지 병합하기

01   워드를 실행하여 새 문서를 열고, [편지] 탭 – [편지 병합 시작] 그룹 – [편지 병합 시작] – [단계별 편지 병합 마법사]를 선택한다. 오른쪽에 나타난 [편지 병합] 작업 창에서 [문서 종류 선택] 항목의 [편지]를 체크한 후 작업 창 하단에 있는 1단계 [다음: 시작 문서]를 클릭한다.

02   [시작 문서 선택] 항목의 [기존 문서에서 시작]을 체크하고 [기존 파일로 시작] 항목에서 [열기]를 클릭한다. [열기] 대화상자가 나타나면 '실습6-7.docx' 파일을 선택한 후 [열기]를 클릭한다.

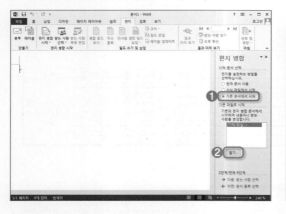 

03 초대장 본문이 열리면 작업 창 하단에 있는 2단계 [다음: 받는 사람 선택]을 클릭한 후, 다음 단계에서 [기존 목록 사용]을 체크하고 [찾아보기]를 클릭한다.

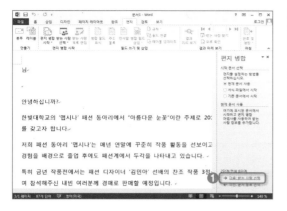
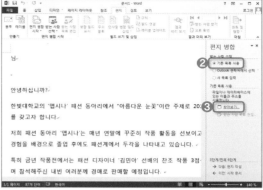

04 [데이터 원본 선택] 대화상자에서 '초대명단.xlsx'을 선택하고 [열기]를 클릭한다. [테이블 선택] 대화상자에서 'Sheet1$'을 선택하고 [확인]을 클릭한다.

05 [편지 병합 받는 사람] 대화상자에서 [성명] 필드의 목록 단추를 클릭하고 [오름차순 정렬]을 선택하여 정렬이 되면 [확인]을 클릭한다.

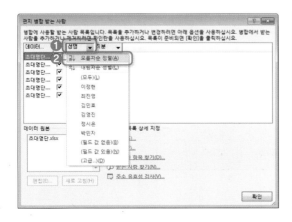

06 작업 창 아래에 있는 3단계 [다음: 편지
작성]을 클릭한다.

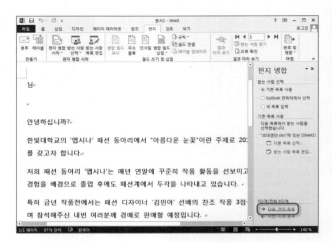

07 다음 단계에서 문서 내의 텍스트 '님'
앞에 커서를 위치시키고 [편지 작성] 항목의
[기타 항목]을 클릭한다.

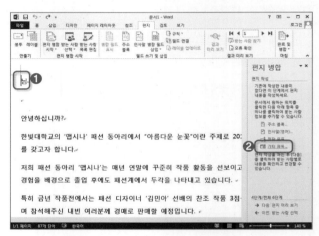

08 [병합 필드 삽입] 대화상자가 열리면
[데이터베이스 필드]를 체크한 후 [필드]에
서 '성명' 필드를 선택하고 [삽입]을 클릭한다.
'직분' 필드도 선택하고 [삽입]을 클릭한 후
[닫기]를 클릭한다.

09 본문에 삽입된 〈성명〉과 〈직분〉 필드 사이에 공백을 넣고 4단계 [다음 : 편지 미리 보기]를 클릭하면, 워드 본문과 엑셀 데이터베이스가 연결되어 편지가 병합된다. 다음은 5단계 [다음: 병합 완료]를 클릭한다.

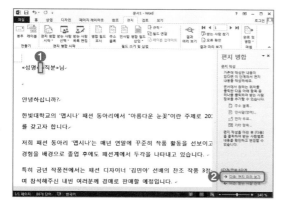 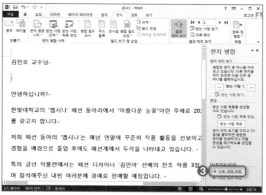

10 현재 본문 한 장으로 되어 있는 편지를 초대 인원수에 맞게 병합된 문서로 만들기 위해 '개별 편지 편집...'을 클릭한 후, [새 문서로 병합] 대화상자에서 [모두]를 체크하고 [확인]을 클릭한다.

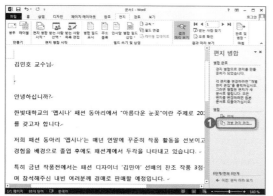 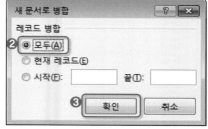

11 전체 데이터가 연결되어 새로운 문서가 생성된다. Page Down 을 눌러 다음 페이지로 이동하며 확인한다.

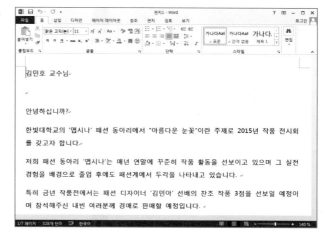

실습 6-8 봉투 기능 활용하기

01 '실습6-8.docx' 파일을 열고, [편지] 탭 – [편지 병합 시작] 그룹 – [받는 사람 선택] – [기존 목록 사용]을 클릭한다.

02 [데이터 원본 선택] 대화상자가 열리면 '주소록.xlsx' 파일을 선택하고 [열기]를 클릭한 후 [테이블 선택] 대화상자에서 'Sheet1$'를 선택하고 [확인]을 클릭한다.

03 받는 사람 '성명'을 입력할 위치에 커서를 위치시킨 후 [편지] 탭 – [필드 쓰기 및 삽입] 그룹 – [병합 필드 삽입]의 목록 단추를 클릭하고 '성명'을 선택한다. 같은 방법으로 '호칭'도 선택하여 삽입한다.

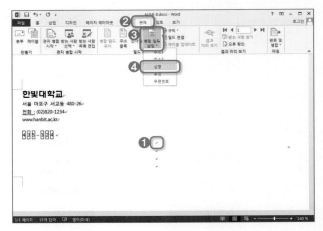

04 〈성명〉과 〈호칭〉 필드를 블록 설정하고 [홈] 탭 - [글꼴] 그룹에서 [글꼴 크기]를 '14'로 설정한다.

05 다음 줄에 커서를 위치시킨 후 [편지] 탭 - [필드 쓰기 및 삽입] 그룹 - [병합 필드 삽입]의 목록 단추를 클릭하고 '주소1'을 선택한다. 같은 방법으로 '주소2'도 선택하여 삽입한다.

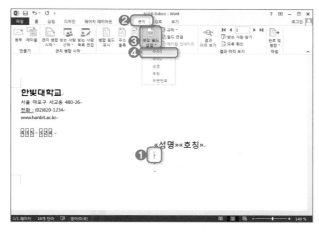

06 같은 방법으로 바로 다음 줄에 '우편번호'를 삽입한다.

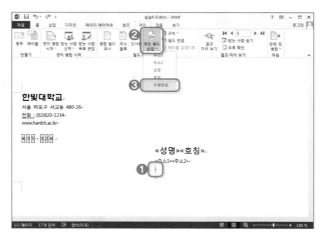

07 [편지] 탭 – [결과 미리 보기] 그룹 – [결과 미리 보기]를 선택하여 원하는 형태로 표시되는지 확인한다.

08 [편지] 탭 – [마침] 그룹 – [완료 및 병합] – [개별 문서 편집]을 클릭한 후 [새 문서로 병합] 대화상자에서 [모두]를 체크하고 [확인]을 클릭한다.

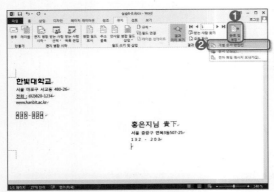 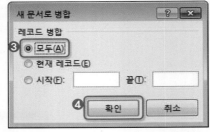

09 전체 데이터가 연결되어 새로운 문서가 생성된다. 다음 페이지로 이동하면서 확인한다.

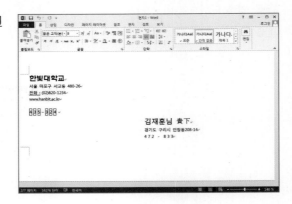

▶ NOTE 데이터베이스 연결 프로그램

편지 병합에서 사용되는 데이터베이스 연결 프로그램에는 SQL Server, 액세스, 엑셀, Outlook 주소록, ODBC 파일 등이 있다.

1 특수문자 입력

키보드에 없는 기호나 특수문자, 유니코드를 입력할 때 사용하는 기능으로, 삽입할 수 있는 기호 및 문자 형식은 선택한 글꼴에 따라 달라진다.

2 수식 입력

수식을 입력하는 방법에는 수식 라이브러리에서 선택하는 방법과 수학 구조로 삽입하는 방법이 있다.

3 하이퍼링크 삽입

- 문서의 특정 텍스트나 개체를 클릭했을 때 다른 파일이나 웹 페이지, 또는 같은 문서 내의 특정 위치로 이동하는 기능이다. 하이퍼링크는 전자우편 프로그램으로도 연결이 가능하여 작성한 문서를 메일로 보낼 수 있다.
- **하이퍼링크 삽입하기** : 하이퍼링크를 연결할 텍스트를 블록 설정하고 [삽입] 탭 – [링크] 그룹 – [하이퍼링크]를 클릭한다.
- **하이퍼링크 해제하기** : 표시된 하이퍼링크에 마우스 오른쪽 버튼을 클릭하고 팝업메뉴에서 [하이퍼링크 제거하기]를 선택한다.

4 책갈피 기능

문서의 특정 위치에 책갈피를 만들어 등록한 후 필요할 때 언제든지 책갈피가 있는 위치로 쉽게 이동할 수 있도록 만드는 기능이다.

5 첫 문자 장식

단락 맨 앞의 첫 글자를 큰 문자로 장식하는 기능이다. 이 기능을 이용하면 커서가 위치해있는 단락 어느 곳에서든지 첫 문자 장식 글자를 만들 수 있다.

6 액셀 개체 삽입 및 편집

자주 사용하는 엑셀 데이터를 하나의 개체로 삽입하는 기능이다. 삽입된 엑셀 개체를 더블클릭하면 워드 문서에서 엑셀이 실행되어 엑셀 명령을 사용할 수 있다.

7 편지 및 봉투 기능

여러 고객에게 동일한 형식의 초대장이나 편지 봉투 양식을 만들 때 사용하는 기능이다. 편지 및 봉투 기능을 사용하면 출력할 때 연결된 고객 데이터에서 내용을 가져오므로 출력 내용이 페이지마다 달라진다.

연습문제

1 다음 특수문자를 문서에 삽입하고 '연습6-1(완성).docx'로 저장하시오(글꼴: Wingdings).

2 '연습6-2.docx' 파일을 열어 아래 조건에 맞게 완성하고 '연습6-2(완성).docx'로 저장하시오.

┃조건┃ ─────────────────────────────────── ▶ 준비파일 : 연습6-2.docx, 예산구성비.xlsx

① '예산구성비' 아래에 엑셀 개체를 삽입한다(파일명 : 예산구성비.xlsx).

② 본문의 마지막 줄에 있는 '홈페이지'를 클릭하면 유니세프 홈페이지(http://www.unicef.or.kr)로 연결되도록 하이퍼링크를 설정한다.

2015 유니세프 중점사업

보건사업전개

유니세프는 예방접종과 구강수분보충염, 미량영양소 공급 등 보건환경 개선을 통해 어린이 건강을 개선할 수 있도록 다양한 사업을 진행하고 있습니다.

- ▮ 종합면역 사업
- ▮ 기초보건서비스 개선
- ▮ 말라리아 예방
- ▮ 위생습관 증진
- ▮ 모성보건 지원
- ▮ 구강수분보충염 보급
- ▮ 신생아 보건 지원
- ▮ 긴급구호활동

식수와 위생 개선

유니세프는 비정부기구들과 함께 식수와 위생을 위하여 2025년까지 위생시설 보급과 위생 개선을 위한 국제적인 노력을 하고 있습니다.

- ▮ 식수 위생 개선 프로그램 진행
- ▮ 국가의 식수정책 개발 지원 및 위생교육 실시
- ▮ 우물과 수동식 펌프 등의 식수시설 설치

예산구성비

유니세프 총지출 구성비

분야별 직접 사업비		지역별 직접 사업비	
구분	지출	구분	지출
영유아 생존과 발달	55.6%	서하라이남 아프리카	58.8%
기초교육	19.8%	아시아	19.2%
어린이보호	11.1%	중동/북아프리카	10.7%
어린이 권리 옹호	8.2%	라틴아메리카/카리브해	4.8%
질병 예방과 퇴치	3.2%	지역간 조정사업	3.9%
기타	2.1%	구소련연방/동유럽	2.6%

문의사항

- ▮ 더 자세한 정보는 홈페이지에서 찾으실 수 있습니다.

3 다음 조건에 맞게 수식을 입력하고 '연습6-3(완성).docx'로 저장하시오.

│조건│────────────────────────────────────── ▶ 준비파일 : 없음

① '분수'를 이용한다.
② '삼각 함수'를 이용한다.
③ '기호'를 이용한다.
④ '적분'을 이용한다.

1) $\frac{1}{3} \times \frac{1}{5} =$

2) $\sin\alpha \pm \sin\beta = 2\sin\frac{1}{2}(\alpha \pm \beta)\cos\frac{1}{2}(\alpha \mp \beta)$

3) $x \in y$

4) $\int_3^1 15 =$

4 '연습6-4.docx'를 열어 다음 조건에 맞게 문서를 완성하고 '연습6-4(완성).docx'로 저장하시오.

│조건│────────────────────────────────── ▶ 준비파일 : 연습6-4.docx, 초대명단.xlsx

① 편지 병합 명령을 이용한다.
② 데이터베이스 파일명은 '초대명단.xlsx'이다.

07 인쇄 기능

인쇄 기능을 이용하면 작업이 끝난 워드 문서를 종이에 출력하여 사용할 수 있다. 이 장에서는 인쇄의 기본적인 사항인 페이지 나누기, 머리글/바닥글 삽입, 페이지 번호 삽입 등을 알아보고, 페이지 레이아웃 탭, 보기 옵션, 인쇄 옵션을 이용하는 방법과 각주/미주와 날짜/시간을 삽입하는 방법, 보기 옵션에 대하여 학습한다.

7.1 페이지 나누기

워드 문서를 작성하다 보면 장이나 절 또는 주제가 달라져서 페이지를 바꿔야 하는 경우가 있다. 이때, 페이지 나누기 기능을 이용하면 원하는 위치에서 페이지를 나눌 수 있다. 페이지 나누기 기능에 대하여 알아보자.

▶ 준비파일 : 실습7-1.docx

실습 7-1 **페이지 나누기**

01 '실습7-1.docx' 파일을 열고, '5. 과정' 앞에 커서를 위치시킨 후 [페이지 레이아웃] 탭 – [페이지 설정] 그룹 – [나누기] – [페이지 나누기:페이지]를 클릭한다.

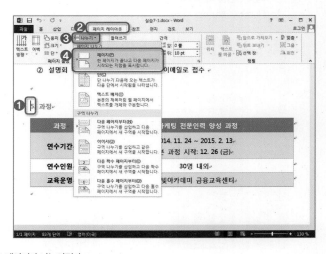

TIP [삽입] 탭 – [페이지] 그룹 – [페이지 나누기]를 선택해도 페이지가 나누어진다.

02 커서가 있던 위치부터 페이지가 나누어지고 새로운 페이지가 시작된다.

7.2 머리글/바닥글 설정 및 페이지 번호 삽입

머리글/바닥글 설정은 워드 문서의 위쪽이나 아래쪽 여백에 제목이나 페이지 번호를 표시하는 기능이고, 페이지 번호 삽입은 페이지마다 차례대로 번호를 부여하는 기능이다.

▶ 준비파일 : 실습7-2.docx

실습 7-2 머리글/바닥글 설정하기

01 **머리글 만들기** '실습7-2.docx' 파일을 열고, [삽입] 탭 - [머리글/바닥글] 그룹 - [머리글]을 클릭한 후 [기본 제공:비어 있음(3열)]을 선택한다.

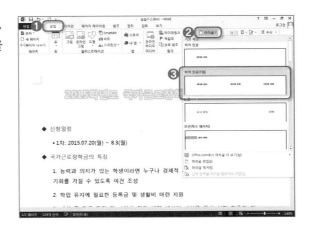

02 머리글에 내용 넣기 머리글 가운데 영역의 [여기에 입력]을 클릭하고 '국가근로장학금'을 입력한다.

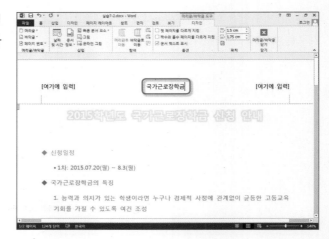

03 머리글 삭제하기 머리글 왼쪽 영역의 [여기에 입력]을 선택하고 Delete를 눌러서 삭제한다. 오른쪽의 [여기에 입력]도 Delete를 눌러 삭제한다.

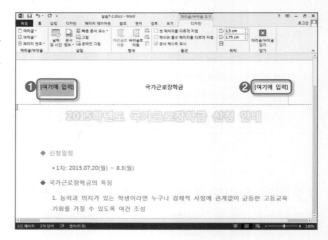

04 머리글 닫기 [머리글/바닥글 도구] – [디자인] 탭 – [머리글/바닥글 닫기]를 클릭하여 머리글 입력 모드에서 빠져나간다. 다음 페이지에도 머리글이 잘 표시되었는지 확인한다.

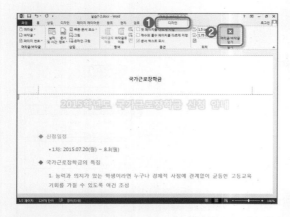 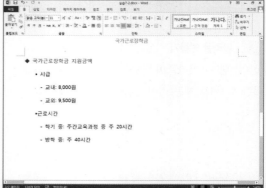

TIP 머리글을 제거하기 위해서는 [삽입] 탭 – [머리글/바닥글] 그룹 – [머리글] – [머리글 제거]를 선택한다.

실습 7-3　페이지 번호 삽입하기

| 단계 1 | 페이지 번호 삽입하기

01　'실습7-3.docx' 파일을 열고, [삽입] 탭 - [머리글/바닥글] 그룹 - [페이지 번호]를 클릭한다.

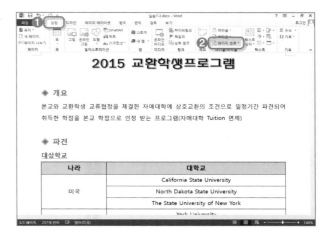

02　[아래쪽]을 클릭하고 [페이지 번호] 목록에서 [X/Y 페이지:굵게 표시된 번호 1]을 선택한다.

TIP▶ [X/Y 페이지] 형식에서 'X'는 현재 페이지 수, 'Y'는 문서의 전체 페이지 수다.

03　선택한 페이지 번호가 페이지 아래쪽에 삽입된다.

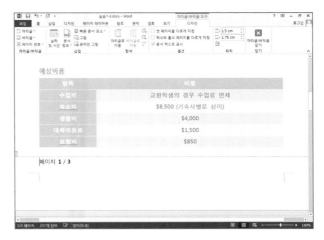

04 문서 본문으로 돌아가려면 [머리글/바닥글 도구] - [디자인] 탭 - [닫기] 그룹 - [머리글/바닥글 닫기]를 클릭한다. 다음 페이지로 이동하여 설정된 페이지 번호 형식대로 잘 표시되었는지 확인한다.

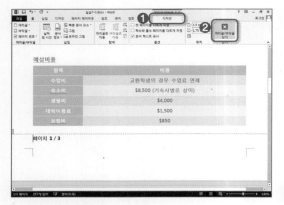

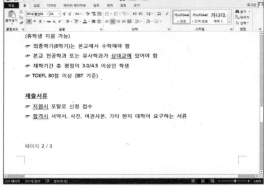

| 단계 2 | 번호 서식 바꾸기

01 페이지 번호 서식을 바꾸고 시작 번호를 바꾸기 위해서 커서를 1페이지에 위치시킨 후 [삽입] 탭 - [머리글/바닥글] 그룹 - [페이지 번호] - [페이지 번호 서식]을 클릭한다.

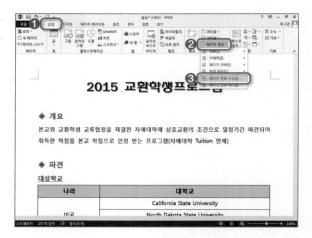

02 [페이지 번호 서식] 대화상자가 열리면 [번호 서식]은 '-1-, -2-, -3-, ...'을 선택하고, [시작 번호]는 '-10-'을 선택한 후 [확인]을 클릭한다.

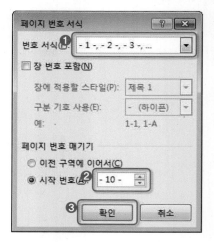

03 문서를 하단으로 내려 새로운 시작 페이지 번호와 페이지 번호 형식으로 변경되었는지 확인한다.

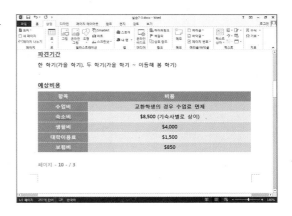

04 뒤에 표시되어 있는 전체 페이지는 불필요하니 삭제해보자. 페이지 부분에 마우스 오른쪽 버튼을 눌러 [바닥글 편집]을 클릭한 후 삭제할 부분인 '/3'을 블록 설정하고 Delete 를 눌러 삭제한다.

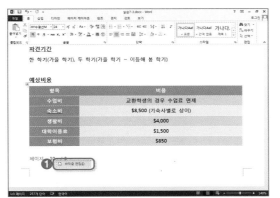

05 [머리글/바닥글 도구] - [디자인] 탭 - [닫기] 그룹 - [머리글/바닥글 닫기]를 클릭하면 워드 문서로 되돌아온다.

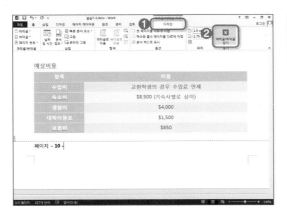

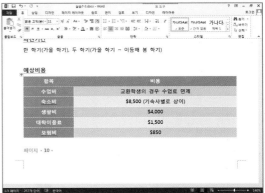

7.3 각주 및 미주 삽입

각주와 미주는 문서의 특정한 단어에 주석을 붙여 참조적인 설명을 제공할 때 사용한다. 각주는 현재 문서 페이지의 하단에 표시되고, 미주는 문서의 맨 끝에 표시된다.

▶ 준비파일 : 실습7-4.docx

실습 7-4 각주 삽입하기

> 신슈대학은 일본의 국립대학으로 나가노현 마쓰모토시에 위치하고 있다.
> 1949년 마쓰모토 고등학교, 마쓰모토 의과대학, 마쓰모토 의학 전문학교, 나가노 공업 전문학교, 나가노 사범학교, 나가노 청년 사범학교를 통합하여 설립하였으며 특히 섬유학부는 일본 1위, 세계 5위의 기록을 차지할 만큼의 명문 대학교다.

01 '실습7-4.docx' 파일을 열고, '신슈대' 뒤에 커서를 위치시킨 후 [참조] 탭 – [각주] 그룹 – [각주 삽입]을 클릭한다.

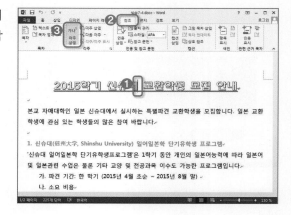

02 하단에 각주 참조 기호가 생기면서 새 각주를 입력할 수 있는 공간이 나타나면 위의 박스 안의 내용을 입력한다. 입력이 끝나면 각주 참조 기호를 더블클릭하여 문서로 되돌아온다.

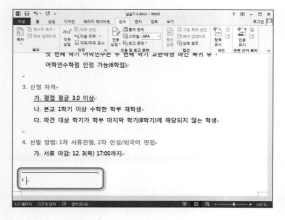
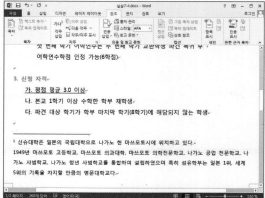

03 '신슈대' 뒤에 각주 참조 번호가 생성된 것을 확인할 수 있다.

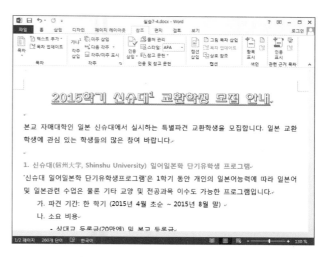

TIP 입력된 각주 내용만 빨리 보려면 [참조] 탭 – [각주] 그룹 – [각주/미주 표시]를 클릭한다.

▶ 준비파일 : 실습7-5.docx

실습 7-5 **미주 삽입하기**

마이크로 블로그란 시간, 장소의 제약을 받지 않고 콘텐츠를 공유, 생산할 수 있는 온라인 인맥구축 서비스(SNS)로 블로그와 미니홈피, 메신저 등의 장점을 모아 놓은 제 3세대 SNS 서비스라 할 수 있다.

01 '실습7-5.docx' 파일을 열고, 연두색 글꼴의 '마이크로 블로그(Micro Blog)' 뒤에 커서를 위치시킨 후 [참조] 탭 – [각주] 그룹 – [미주 삽입]을 클릭한다.

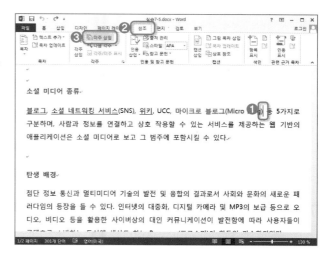

02 하단에 미주 참조 기호가 생기면서 새 미주를 입력할 수 있는 공간이 나타나면 위의 박스 안의 내용을 입력한다. 입력이 끝나면 미주 참조 기호를 더블클릭하여 문서로 되돌아온다.

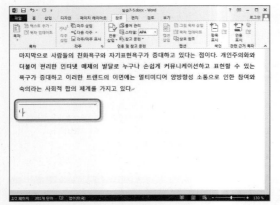
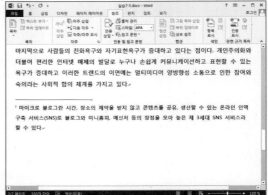

03 '마이크로 블로그(Micro Blog)' 뒤에 미주 참조 번호가 생성된 것을 확인할 수 있다.

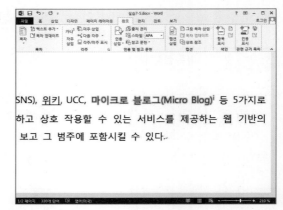

TIP 미주 내용은 문서의 맨 마지막에 표시된다.

NOTE 각주/미주 번호 서식 변경하기 및 삭제하기

- **각주/미주 번호 서식 변경하기** : 서식을 변경할 위치에 커서를 위치시키고 [참조] 탭 – [각주] 그룹에서 대화상자 표시 단추(⬛)를 클릭한다. [각주 및 미주] 대화상자가 열리면 각 번호 서식에서 원하는 기호를 선택한다.
- **각주/미주 삭제하기** : 각주/미주 참조 번호를 선택하고 Delete 를 누른다.

7.4 날짜 및 시간 삽입

작성 중인 워드 문서의 머리글과 바닥글에 날짜 및 시간을 입력할 수 있다. 문서에 삽입된 날짜 및 시간은 날짜 필드에 의해 자동으로 업데이트된다.

실습 7-6   **날짜 및 시간 삽입하기**

01   '실습7-6.docx' 파일을 열고, [삽입] 탭 – [머리글/바닥글] 그룹 – [머리글] – [기본 제공:비어 있음(3열)]을 클릭하여 머리글 영역을 설정한다.

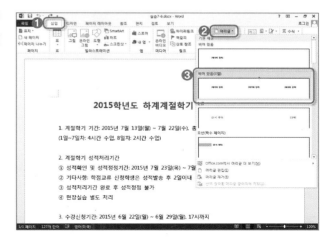

02   머리글 오른쪽에 있는 [여기에 입력]을 선택하고 [머리글/바닥글 도구] – [디자인] 탭 – [삽입] 그룹 – [날짜 및 시간]을 클릭한다.

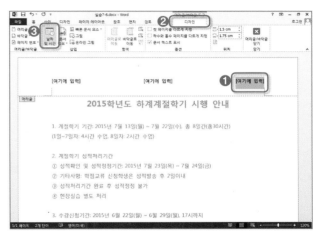

03   [날짜 및 시간] 대화상자의 [사용 가능한 형식]에서 '2014-08-12'를 선택하고 [확인]을 클릭한다.

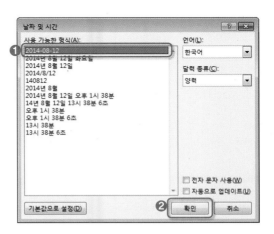

TIP▶ [사용 가능한 형식]에 보이는 날짜는 시스템에 설정되어 있는 현재 날짜를 기준으로 한다.

04 머리말의 왼쪽과 가운데 영역에 있는 [여기에 입력]을 블록 설정하고 Delete 를 눌러서 삭제한다.

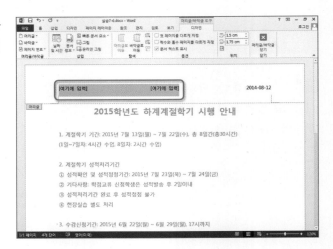

05 [머리글] 표시를 더블클릭하여 본문으로 돌아간다.

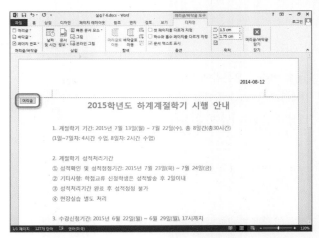

06 원하는 날짜 형식에 맞게 날짜가 삽입된다.

TIP 시간도 날짜와 같은 방법으로 삽입한다.

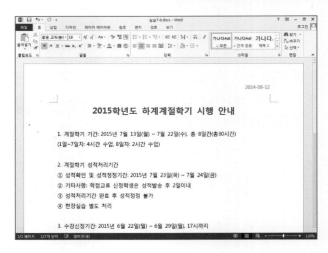

7.5 페이지 설정

페이지 설정을 이용하면 용지의 크기와 방향, 문서 여백, 텍스트의 입력 방향 등을 변경할 수 있다. 페이지를 설정하는 방법에 대하여 알아보자.

▶ 준비파일 : 실습7-7.docx

실습 7-7	페이지 설정하기

01 **용지 방향 설정하기** '실습7-7.docx' 파일을 열고, [페이지 레이아웃] 탭 – [페이지 설정] 그룹 – [용지 방향] – [가로]를 클릭하면 용지 방향이 가로로 바뀐다.

02 **여백 설정하기** 용지 방향을 다시 세로로 바꾸고 [페이지 레이아웃] 탭 – [페이지 설정] 그룹 – [여백] – [보통]을 클릭하면 여백 설정이 바뀐다.

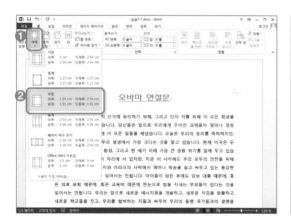 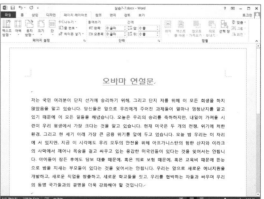

03 크기 설정하기 [페이지 레이아웃] 탭 - [페이지 설정] 그룹 - [크기] - [B5(18.2 cm × 25.7 cm)]를 클릭하면 용지의 크기가 A4에서 B5로 바뀐다.

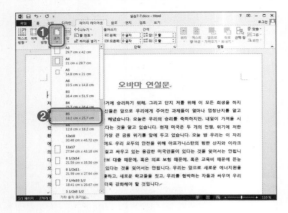 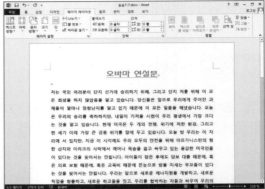

04 텍스트 방향 바꾸기 [페이지 레이아웃] 탭 - [페이지 설정] 그룹 - [텍스트 방향] - [세로]를 클릭하면 텍스트 방향이 세로로 바뀐다.

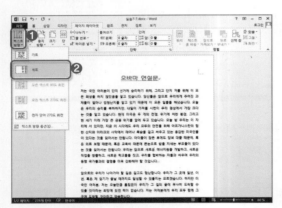 

▶ 준비파일 : 실습7-8.docx

실습 7-8 ─ 다단 설정하기

01 '실습7-8.docx' 파일을 열고, [페이지 레이아웃] 탭 - [페이지 설정] 그룹 - [단] - [둘]을 선택한다.

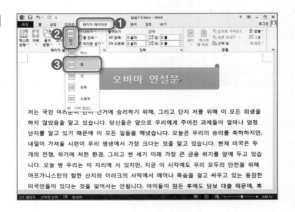

02 다음과 같이 본문이 두 개의 단으로 나누어진다.

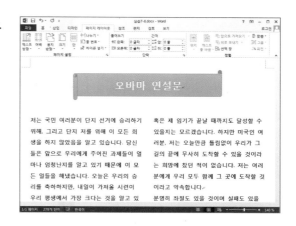

7.6 페이지 배경 설정

워드 문서의 배경은 기본적으로 흰색이지만, 배경에 색을 설정할 수 있으며 페이지 전체에 일정한 간격
을 두고 테두리도 삽입할 수 있다. 또한 문서의 특징이 되는 키워드를 한눈에 볼 수 있게 하기 위해, 혹
은 긴급하거나 기밀문서임을 나타내기 위해 페이지 배경에 워터마크를 표시할 수도 있다.

실습 7-9   페이지 배경 설정하기

| 단계 1 | 그림 워터마크 삽입하기

01   '실습7-9.docx' 파일을 열고, [디자인] 탭 – [페이지 배경] 그룹 – [워터마크] – [사용자 지정 워터마크]를 클릭한다.

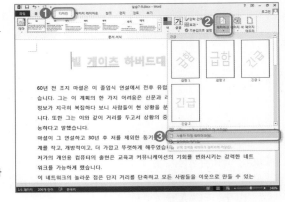

TIP ▶ 워터마크란 주로 위조 방지를 목적으로 문서의 보안을 위해 사용하는 기능이다.

02   [워터마크] 대화상자에서 [그림 워터마크]를 선택한 후 [그림 선택]을 클릭한다. [그림 삽입] 창이 열리면 [파일에서]의 [찾아보기]를 클릭한다.

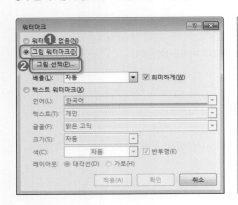
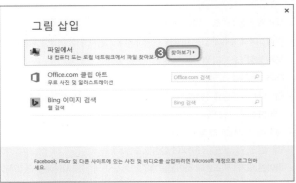

03   [그림 삽입] 대화상자에서 '오피스.jpg'를 선택하고 [삽입]을 클릭한 후, [워터마크] 대화상자에서 [확인]을 클릭한다.

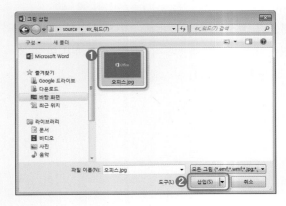

04 다음과 같이 그림 워터마크가 문서 배경에 적용된다.

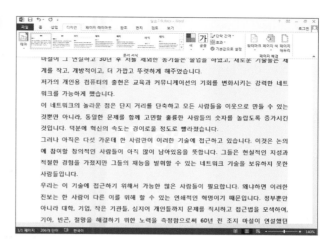

| 단계 2 | 텍스트 워터마크 삽입하기

01 설정된 그림 워터마크를 삭제하기 위해서 [디자인] 탭 – [페이지 배경] 그룹 – [워터마크] – [워터마크 제거]를 선택한다.

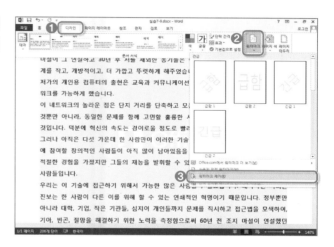

02 [디자인] 탭 – [페이지 배경] 그룹 – [워터마크] – [사용자 지정 워터마크]를 클릭한다.

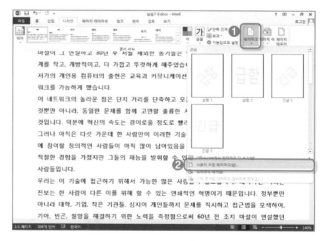

03 [워터마크] 대화상자에서 [텍스트 워터마크]를 선택한다. [텍스트] 입력상자에 '오피스2013'을 입력하고 [레이아웃]은 [대각선]을 체크한 후 [확인]을 클릭한다.

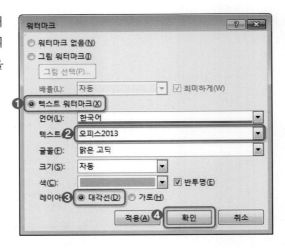

04 다음과 같이 텍스트 워터마크가 문서에 적용된다.

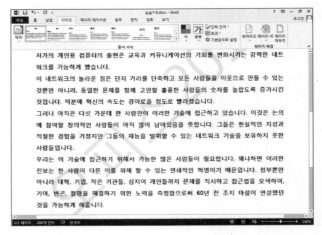

| 단계 3 | 페이지 배경색 넣기

01 페이지에 배경색을 지정하기 위해 [디자인] 탭 - [페이지 배경] 그룹 - [페이지 색]을 클릭하고 [표준 색:연한 녹색]을 선택한다.

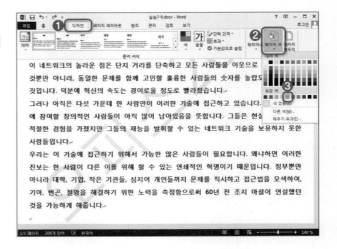

02 배경색이 '연한 녹색'으로 변경된다.

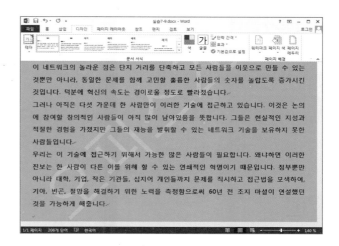

| 단계 4 | 페이지 테두리 넣기

01 [디자인] 탭 – [페이지 배경] 그룹 – [페이지 테두리]를 클릭한다.

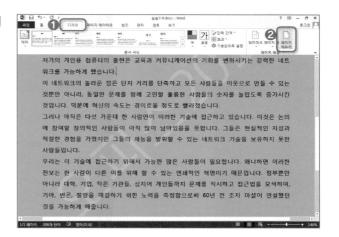

02 [테두리 및 음영] 대화상자의 [페이지 테두리] 탭에서 [설정]은 '상자', [스타일]은 '실선', [두께]는 '1 1/2pt'를 선택하고 [적용 대상]은 '문서 전체'를 선택한 후 [확인]을 클릭한다.

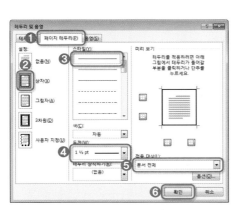

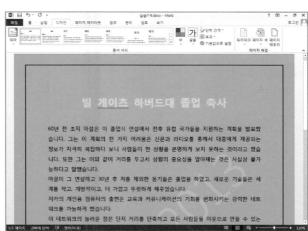

7.7 보기 옵션

워드 2013에서는 3개의 보기 옵션인 읽기 모드, 인쇄 모양, 웹 모양을 지원한다. 보기 옵션에 대하여 알아보자.

▶ 준비파일 : 실습7-10.docx

실습 7-10 읽기 모드

01 읽기 모드로 변환하기 '실습7-10.docx' 파일을 열고, [보기] 탭 - [보기] 그룹 - [읽기 모드]를 클릭하면 워드 문서가 '읽기 모드' 보기 상태로 변환된다.

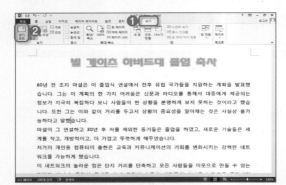
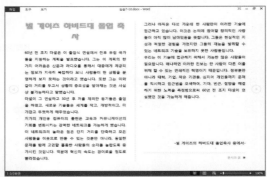

02 열 너비 조정하기 [보기] 탭 - [열 너비] - [너비 축소]를 클릭하면 다음과 같이 문서의 열 너비가 축소된다.

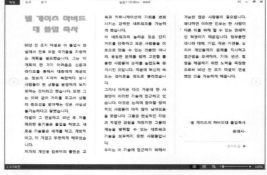

03 페이지 색 바꾸기 [보기] 탭 - [페이지 색] - [세피아]를 클릭하면 문서의 페이지 색이 바뀐다.

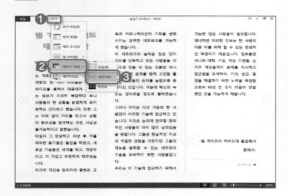
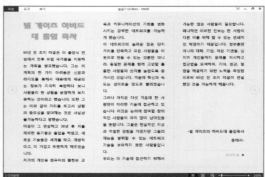

04 **읽기 모드 나가기** [보기] 탭 – [문서 편집]을 클릭하면 '읽기 모드'가 해제된다.

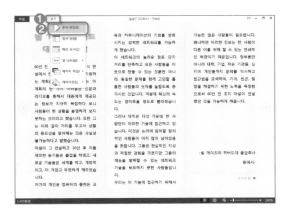 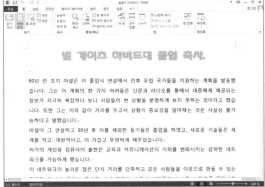

7.8 인쇄

완성된 워드 문서는 인쇄하기 전에 인쇄 미리 보기를 통하여 용지의 방향과 크기, 여백 등이 올바르게 설정되어 있는지 확인할 수 있다.

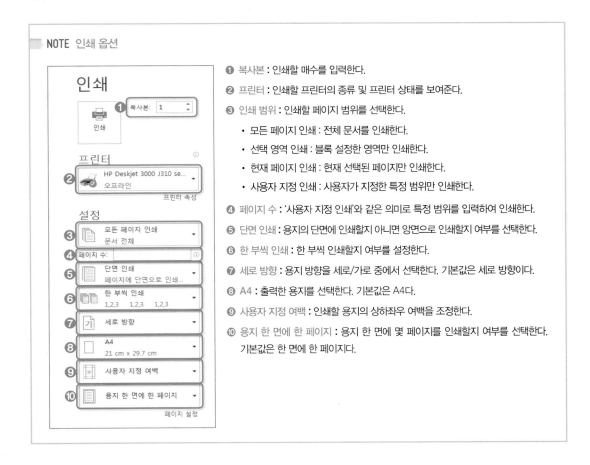

NOTE 인쇄 옵션

❶ 복사본 : 인쇄할 매수를 입력한다.

❷ 프린터 : 인쇄할 프린터의 종류 및 프린터 상태를 보여준다.

❸ 인쇄 범위 : 인쇄할 페이지 범위를 선택한다.

   • 모든 페이지 인쇄 : 전체 문서를 인쇄한다.

   • 선택 영역 인쇄 : 블록 설정한 영역만 인쇄한다.

   • 현재 페이지 인쇄 : 현재 선택된 페이지만 인쇄한다.

   • 사용자 지정 인쇄 : 사용자가 지정한 특정 범위만 인쇄한다.

❹ 페이지 수 : '사용자 지정 인쇄'와 같은 의미로 특정 범위를 입력하여 인쇄한다.

❺ 단면 인쇄 : 용지의 단면에 인쇄할지 아니면 양면으로 인쇄할지 여부를 선택한다.

❻ 한 부씩 인쇄 : 한 부씩 인쇄할지 여부를 설정한다.

❼ 세로 방향 : 용지 방향을 세로/가로 중에서 선택한다. 기본값은 세로 방향이다.

❽ A4 : 출력한 용지를 선택한다. 기본값은 A4다.

❾ 사용자 지정 여백 : 인쇄할 용지의 상하좌우 여백을 조정한다.

❿ 용지 한 면에 한 페이지 : 용지 한 면에 몇 페이지를 인쇄할지 여부를 선택한다. 기본값은 한 면에 한 페이지다.

준비파일 : 실습7-11.docx

실습 7-11 인쇄하기

01 '실습7-11.docx' 파일을 열고, [파일]
탭 – [인쇄]를 클릭한다.

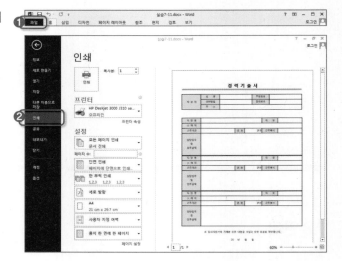

02 미리 보기 화면을 보면서 의도한대로
문서가 만들어졌는지 확인하고 [인쇄]를 클릭
하여 출력한다.

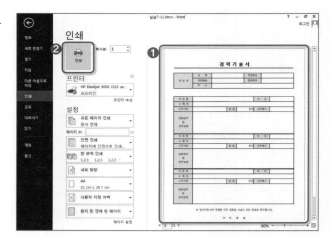

요약

1 페이지 나누기

작성 중인 워드 문서의 페이지를 강제로 분리시켜서 새로운 페이지부터 내용을 시작하도록 페이지를 나누는 기능이다.

2 머리글/바닥글 및 페이지 번호 삽입

- 머리글/바닥글 : 문서의 위쪽이나 아래쪽 여백에 제목이나 페이지 번호를 표시하는 기능이다.
- 페이지 번호 : 페이지마다 차례대로 번호를 부여하는 기능이다.

3 각주 및 미주 삽입

- 각주와 미주는 문서의 특정한 단어에 주석을 붙여 참조적인 설명을 제공할 때 사용한다.
- 각주는 현재 문서 페이지의 하단에 표시되며 미주는 문서의 맨 끝에 표시된다.

4 날짜 및 시간 삽입

- 작성 중인 워드 문서의 머리글/바닥글에 날짜 및 시간을 입력할 수 있다.
- 날짜는 시스템에 설정되어 있는 현재 날짜를 기준으로 삽입된다.
- 삽입된 날짜 및 시간은 날짜 필드에 의해 자동으로 업데이트된다.

5 페이지 설정

- 페이지 설정하기 : 페이지 설정을 이용하면 용지의 크기와 방향, 문서 여백, 텍스트의 입력 방향 등을 변경할 수 있다.
- 다단 설정하기 : 워드 문서를 여러 열로 나누어 표시하는 기능이다.

6 페이지 배경 설정

워드 문서의 배경은 기본적으로 흰색이지만, 배경에 색을 설정할 수 있으며 페이지 테두리도 삽입할 수 있다. 또한 긴급하거나 기밀문서임을 나타내기 위해 페이지 배경에 워터마크를 표시할 수도 있다.

7 보기 옵션

사용자가 문서를 편하게 읽기 위해서 읽기 모드, 인쇄 모양, 웹 모양 등 3개의 보기 옵션을 지원한다.

8 인쇄

완성된 워드 문서는 인쇄하기 전에 인쇄 미리 보기를 통하여 용지의 방향과 크기, 여백 등이 올바르게 설정되어 있는지 확인할 수 있다.

1 '연습7-1.docx' 파일을 열어 아래 조건에 맞게 완성하고 '연습7-1(완성).docx'로 저장하시오.

┃조건┃ ── ➤ 준비파일 : 연습7-1.docx

① 여백은 기본(위 : 2.5cm, 아래 : 2.5cm, 왼쪽 : 2cm, 오른쪽 : 2cm)으로 설정한다.

② 머리글 왼쪽에 오늘 날짜를 삽입하고 오른쪽에는 텍스트 'GTQ'를 삽입한다.

③ 페이지 테두리(설정 : 그림자, 스타일 : 실선, 색 : 황금색, 강조 4, 두께 : 2 ½pt, 적용 대상 : 문서 전체)로 설정한다.

2014년 8월 3일   GTQ

GTQ(그래픽기술자격)

급수	무제유형	시험시간	수험번호	성명
1급		90분		

수험자 유의사항

1. 수험자는 문제지를 받는 즉시 응시하고자 하는 과목 및 급수가 맞는지 확인한 후 수험번호와 성명을 작성합니다.

2. 파일명은 본인의 "수험번호-성명-문제번호"로 공백 없이 정확히 입력하고 답안폴더(내문서₩GTQ₩)에 jpg 파일과 psd 파일의 2가지 포맷으로 저장해야 하며, jpg 파일과 psd 파일의 내용이 상이할 경우 0점 처리됩니다. 답안문서 파일명이 "수험번호-성명-문제번호"와 일치하지 않거나, 답안 파일을 전송하지 않아 미제출로 처리될 경우 불합격 처리됩니다. (예: 내문서₩GTQ₩G100112345678-홍길동-1.jpg)

3. 문제의 세부조건은 '영문(한글)' 형식으로 표기되어 있으니 유의하시기 바랍니다.

4. 수험자 정보와 저장한 파일명, 저장 위치가 다를 경우 전송이 되지 않으므로, 주의하시기 바랍니다.

5. 답안 작성 중에도 주기적으로 '저장'과 '답안 전송'을 이용하여 감독위원 PC로 답안을 전송하셔야합니다. (※ 작업한 내용을 저장하지 않고 전송할 경우 이전의 저장내용이 전송되오니 이 점 반드시 유념하시기 바랍니다.)

6. 답안문서는 지정된 경로 외의 다른 보조기억장치에 저장하는 행위, 지정된 시험 시간 외에 작성된 파일을 활용한 행위, 기타 통신수단(이메일, 메신저, 네트워크 등)을 이용하여 타인에게 전달 또는 외부 반출하는 행위는 부정으로 간주되어 자격기본법 제32조에 의거 본 시험 및 국가공인 자격시험을 2년간 응시할 수 없습니다.

7. 시험 중 부주의 또는 고의로 시스템을 파손한 경우와 <수험자 유의사항>에 기재된 방법대로 이행하지 않아 생기는 불이익은 수험자의 책임임을 알려 드립니다.

8. 시험을 완료한 수험자는 최종적으로 저장한 답안파일이 전송되었는지 확인한 후 감독위원의 지시에 따라 문제지를 제출하고 퇴실합니다.

2 '연습7-2.docx' 파일을 열어 다음 조건에 맞게 완성하고 '연습7-2(완성).docx'로 저장하시오.

┃조건┃ ━━━━━━━━━━━━━━━━━━━━━━━━━━━━━▶ 준비파일 : 연습7-2.docx

① 음영으로 표시한 '아인슈타인'에 각주를 삽입한다(각주 내용 : '알베르트 아인슈타인')

② 세 번째 문단의 시작 위치에서 페이지 나누기를 한다.

③ '상대성 이론'이라는 텍스트 워터마크를 대각선 방향으로 삽입한다.

3 '연습7-3.docx' 파일을 열어 3단으로 단을 설정하고 '연습7-3(완성).docx'로 저장하시오.

┃조건┃ ━━━━━━━━━━━━━━━━━━━━━━━━━━━━━▶ 준비파일 : 연습7-3.docx